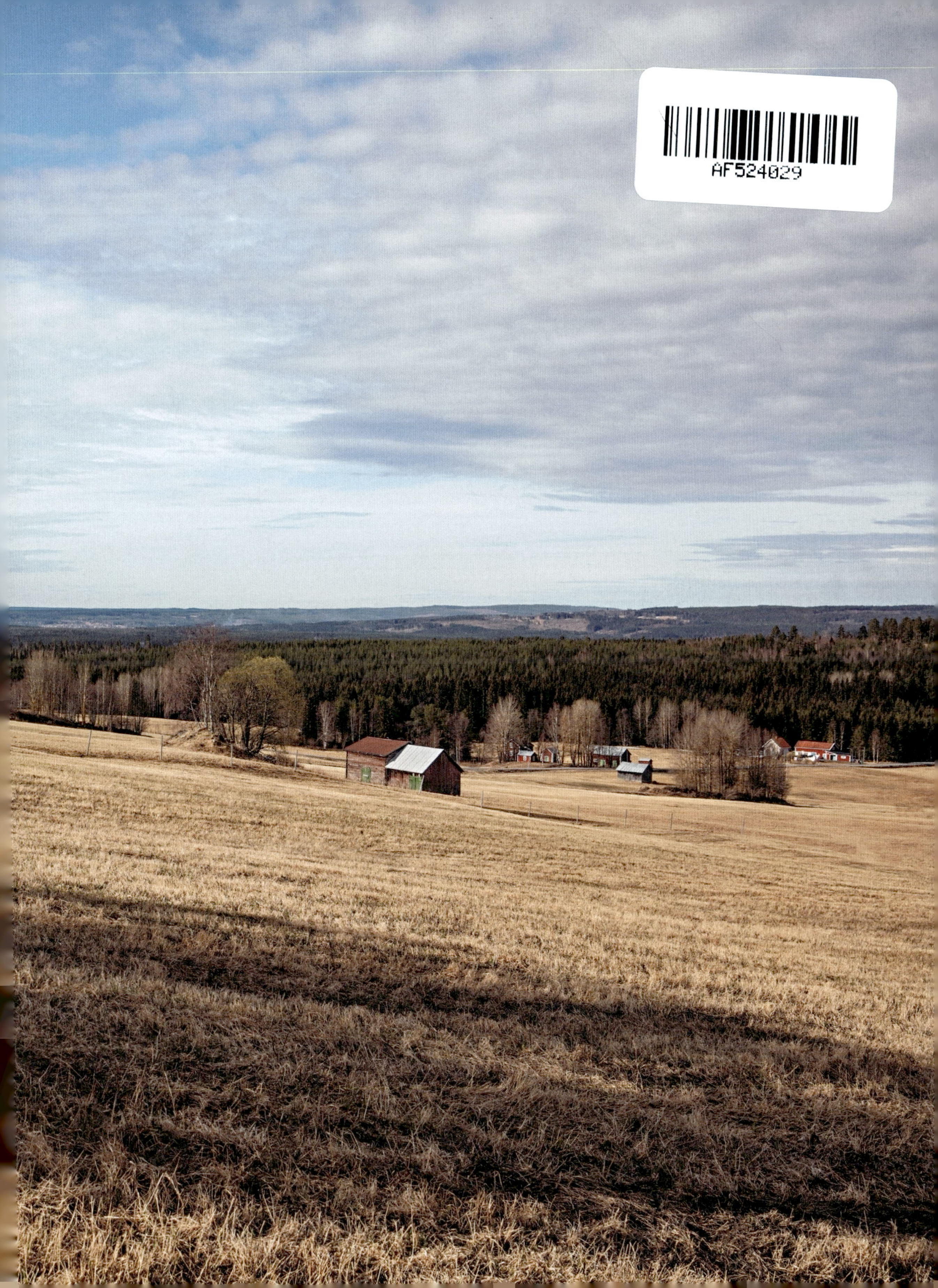

LESETIPPS

Jette Mellgren: *Flechten mit Naturmaterial: Körbe, Schalen und mehr für Anfänger und Fortgeschrittene,* ISBN 978-3-7724-5533-9
Anne Gokeler: *Werkstatt Weiden flechten: Grundlagen, Techniken und Projekte,* ISBN 978-3-7724-7812-3
BJ Crawford: *Körbe flechten: 18 praktische Flechtprojekte,* ISBN 978-3-7358-5154-3

DANKE!

Henrik Francke: für gute Gespräche und all die Hilfe bei Struktur und Text.
Maria Nilsson: für deine Begeisterung und Energie, und weil du mich dieses Buch hast schreiben lassen.
Lennart Weibull: für dein Engagement und deine Genauigkeit, durch deine fantastischen Bilder strahlt das ganze Buch.
Sebastian Wadsted: für die immer gleich treffsichere Form.
Clara und Helene: für Gespräche und die gemeinsame Arbeit in der Tullgatan.
PerJohan Göransson: weil ich in deinem Wald Birkenrinde ernten durfte.
Mama und Papa: für Hilfe mit dem Material.
Oma Elsy und Oma Margot: für alles, was ihr mir beigebracht habt.
Daniel, Dorotea und Erlend: ihr seid alles.

IMPRESSUM

TITEL DER ORIGINALAUSGABE: Fläta, © Emma Dahlqvist 2022
First published by Natur & Kultur, Sweden; info@nok.se
Fotos: Lennart Weibull
Grafik: Sebastian Wadsted
Illustrationen: Emma Dahlqvist
Redaktion: Henrik Francke
Repro: JK Morris Production, Värnamo
Gedruckt in Lettland 2022, ISBN 978-91-27-17952-3

DEUTSCHE AUSGABE:
Produktmanagement: Lara Franke
Übersetzung: FSM Premedia GmbH & Co. KG, Christine Heinzius, Sarah Bosse
Lektorat: FSM Premedia GmbH & Co. KG, Diane von Weltzien
Herstellung: Jessica Siebert
Satz: FSM Premedia GmbH & Co. KG
Covergestaltung: Eva Hook
Druck und Bindung: NEOGRAFIA a.s.

1. Auflage 2023

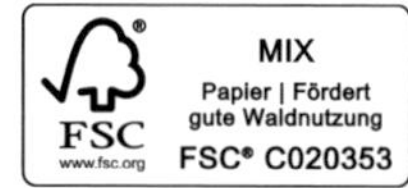

Penguin Random House Verlagsgruppe FSC® N001967

ISBN 978-3-7358-5160-4 · Best.-Nr. 25160

MATERIAL – TECHNIKEN – PROJEKTE

NATÜRLICH FLECHTEN

EMMA DAHLQVIST

FOTOS LENNART WEIBULL

PROJEKTE · 52

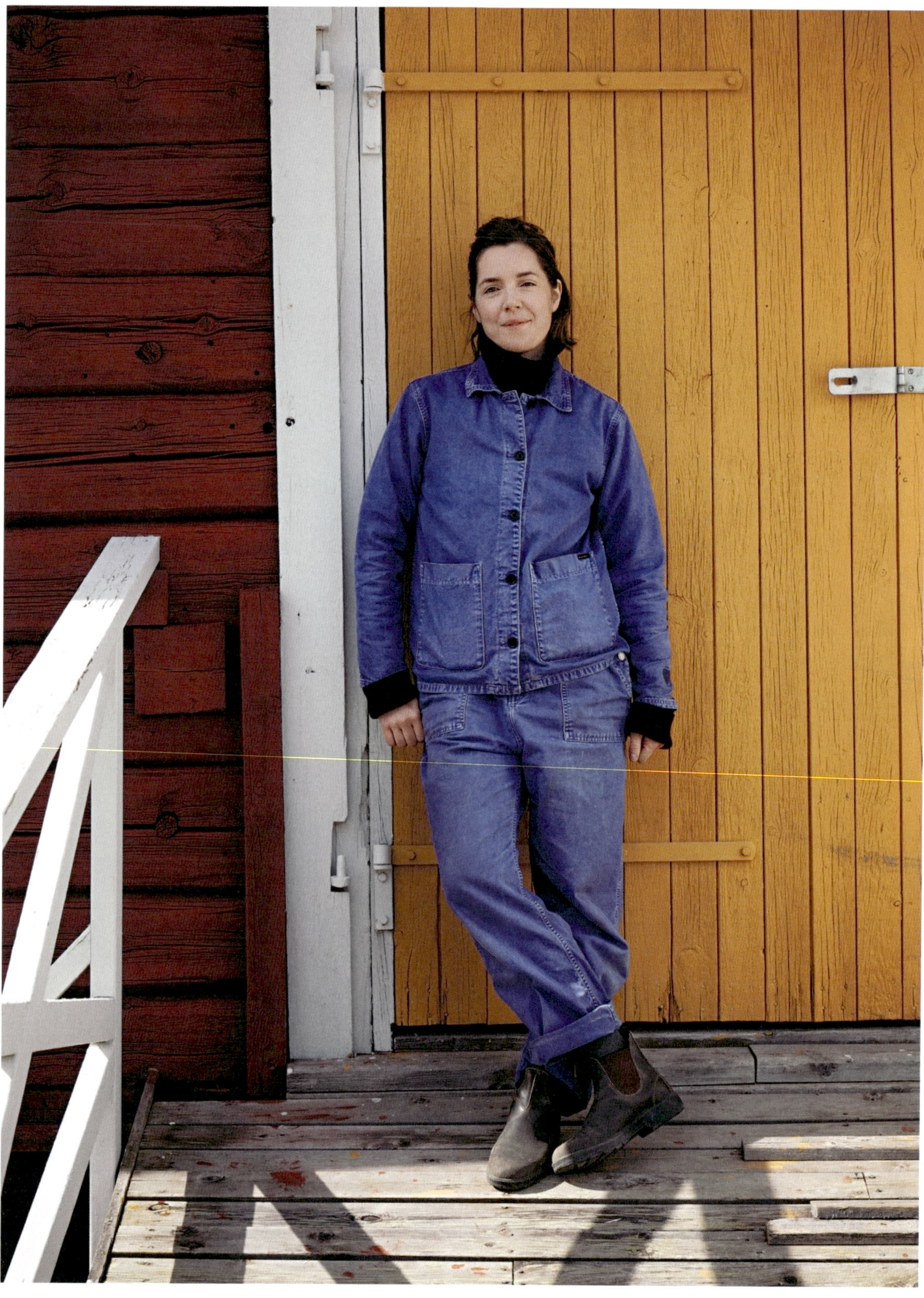

VORWORT

Eine der ersten Handarbeitstechniken, die ich als Kind erlernt habe, war das Zöpfeflechten. Schon immer hat es mich fasziniert, was aus einigen wenigen Bändern oder anderem Flechtmaterial entstehen kann. Legt man die Fäden falsch übereinander, produziert man nur Wirrwarr, verflechtet man sie aber in der richtigen Reihenfolge, so erhält man eine Struktur, die unendlich fortgeführt werden könnte. Es befriedigt mich, wenn ich Dinge mit meinen eigenen Händen erschaffe. Dieses Gefühl hat Weichen für mein Leben gestellt. Ich probiere neue Ideen aus – und meine Fehler führen mich zu Lösungen und schließlich zum Ziel. Durch das Tun meiner Hände gewöhne ich mich an ein Material.

Die Liebe zur Handarbeit hat mich zu meinem Beruf als Designerin und Künstlerin geführt. Meine Projekte finden ihren Ursprung oft in alten Handwerkstechniken, die ich in einen neuen Kontext setze oder denen ich einen anderen Ausdruck oder eine abweichende Funktion verleihe. Das bedeutet nicht, dass ich Neues immer für Besseres halte. Tatsächlich habe ich großen Respekt vor traditionellen Techniken und Materialkenntnissen. Aber ich finde es spannend, ein altes Handwerk in einen neuen Zusammenhang zu bringen, mit dem man es für gewöhnlich nicht verbindet. Vielleicht eröffnen sich diesem Gewerbe so neue Möglichkeiten und machen es zugänglich für Menschen, die sich normalerweise nicht dafür interessieren würden. Meine Faszination für die Kombination alter Handwerkskunst mit neuen Methoden und Materialien hat mir das erstaunlich weite Feld des Korbflechtens erschlossen. Es ist eine seit Jahrtausenden gebräuchliche dreidimensionale Verfahrensweise, die mit einigen wenigen simplen Werkzeugen die Herstellung von Körben und Taschen, Möbeln und vielem mehr ermöglicht.

Mit diesem Buch möchte ich eine Einführung in das Flechten geben und zeigen, dass man keine Ausbildung absolvieren muss, sondern einfach anfangen kann. Wenn ich eine ausgebildete Flechtwerkgestalterin wäre, würde ich mein umfangreiches Wissen über alle spezifischen Details rund um Flechttechniken und -materialien vermitteln wollen. Aber ich bin eine Designerin und Künstlerin, die eine Vorliebe für Körbe und Flechtkunst hat. Deshalb belasse ich es bei den Grundlagen. Die Anleitungen müssen nicht sklavisch befolgt werden, vielmehr ermuntere ich meine Leser dazu, sie zu verändern, zu variieren oder nach den eigenen Wünschen und Bedürfnissen zu ergänzen. Ich stelle auch die Abwandlungen vor, die es bei verschiedenen Flechttechniken gibt, und schaffe hoffentlich einen Anreiz dafür, selber Körbe, Taschen und Accessoires herzustellen, sei es aus Naturmaterialien, die man selbst im Wald finden oder im Fachhandel kaufen kann, oder aus Recyclingmaterial. Viel Erfolg!

Emma

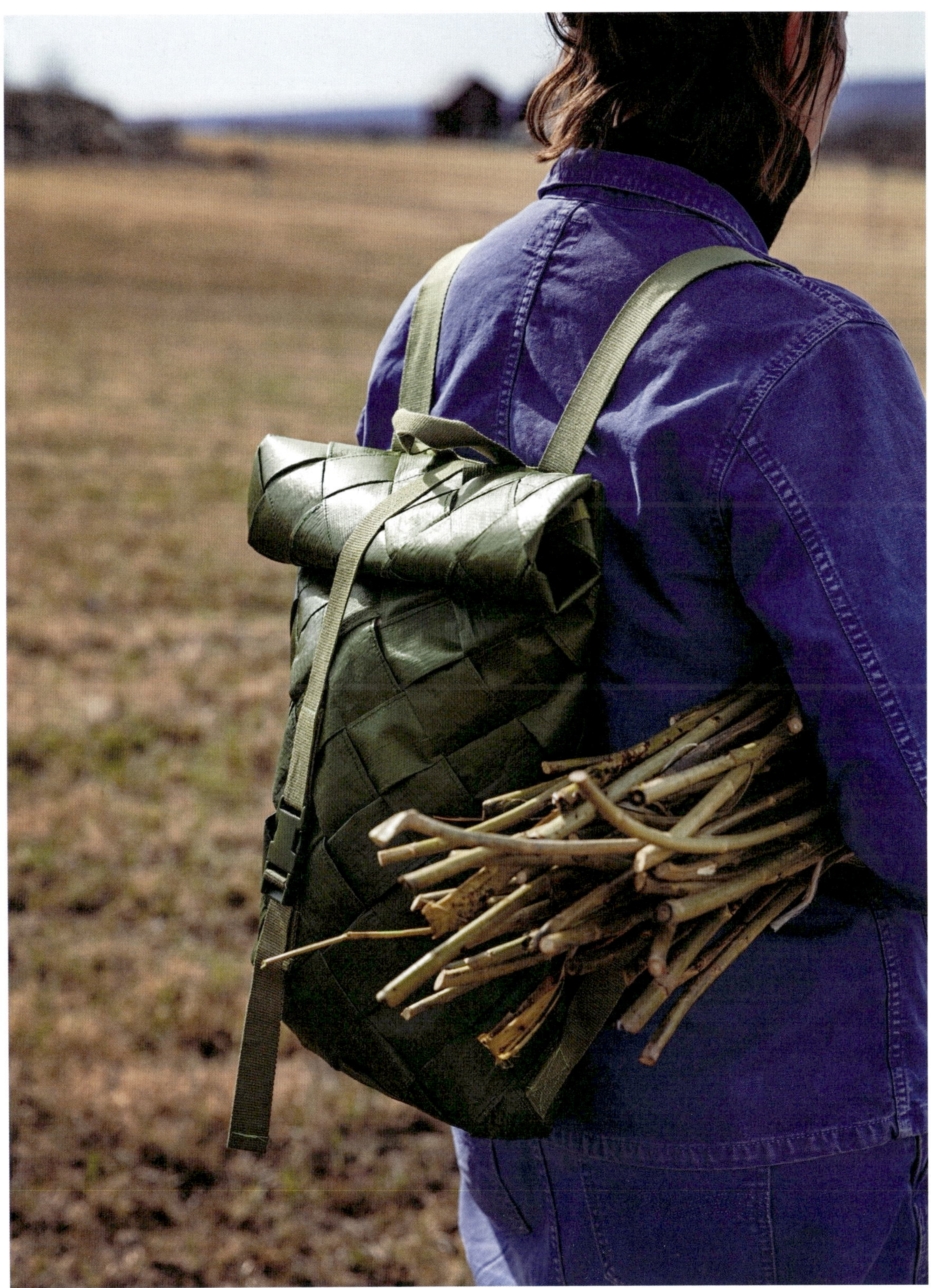

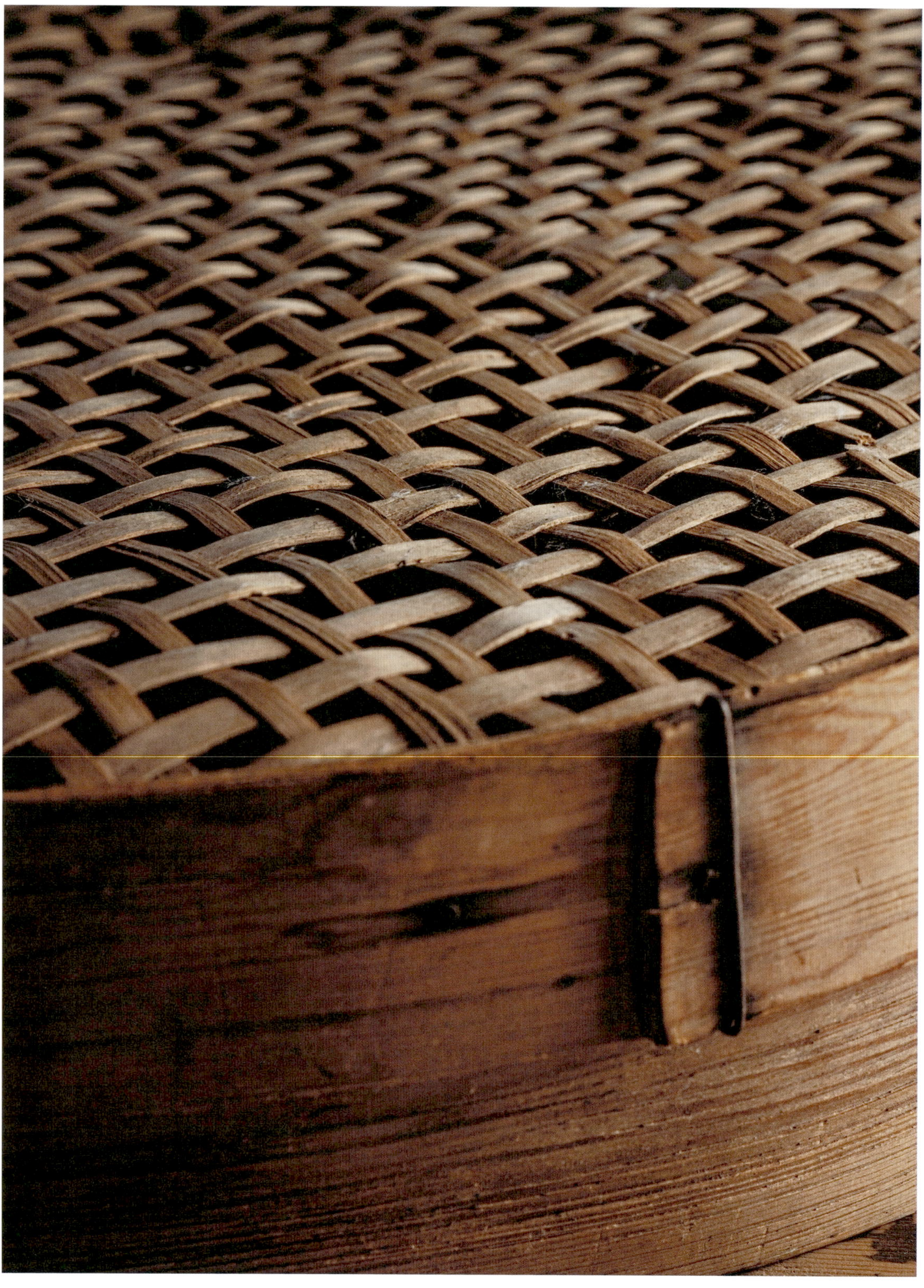

ÜBER DAS FLECHTEN

Das Flechten ist ein weltweit verbreitetes, sehr altes Handwerk und länger vorhanden als Weben oder Töpfern. Solange wir Menschen uns von einem Ort zum anderen bewegt haben, wurden Behälter benötigt, mit denen wir unseren Besitz und unsere Nahrung transportieren und aufbewahren konnten. Kaum vorstellbar, welche revolutionäre Bedeutung die ersten geflochtenen Körbe und Matten, die uns heute so selbstverständlich erscheinen, für unsere Vorfahren damals gehabt haben müssen. Da Geflechte aus organischen, sich mit der Zeit zersetzenden Materialien hergestellt wurden, ist es schwierig, das Alter der Technik exakt zu bestimmen. Nur wenige Objekte sind erhalten geblieben, doch Abdrücke von Flechtwerk in Lehm weisen auf ein Vorkommen in der jüngeren Steinzeit hin.

Korbflechten ist der Sammelbegriff für den Prozess, bei dem flexible Werkstoffe zu dreidimensionalen Gebilden wie Körben, Matten oder Möbeln ineinandergeschlungen werden. Dabei gibt es viele Techniken und in Bezug auf Form, Funktion und Material eine Fülle von Variationen. Doch die Verfahrensweise als solche wird im Allgemeinen in zwei Hauptkategorien eingeteilt: Binde- und Flechttechnik. Beide sind weltweit verbreitet. Die Wahl der Materialien unterscheidet sich jedoch abhängig von der jeweiligen geografischen Lage. Dieses Buch konzentriert sich auf die Arbeitsmethoden, die sich für die Herstellung von Taschen, Körben und anderen Gebrauchsgegenständen eignen.

Für das Flechten braucht man keinen Webstuhl oder irgendwelche komplizierten Werkzeuge. Es ist ein Webverfahren, mit dem man, ausgehend vom verfügbaren Material, einzig und allein mithilfe der Hände und einiger einfacher Hilfsmittel räumliche Formen herstellen kann. Ich finde es genial, dass man mit so wenig so viel machen kann. Außerdem lässt sich das Flechten nicht vollständig von Maschinen bewerkstelligen. Deshalb sind die meisten Körbe ganz oder teilweise von Hand gefertigt. Wer also im Geschäft billige Flechtwaren entdeckt, der sollte sich dieser Tatsache bewusst sein.

Im Laufe der Zeit hat sich die Rolle und Bedeutung des Korbes verändert und er wurde überwiegend durch Plastik- oder Papiertüten ersetzt. Andererseits kann ein Korb heute auch das exklusive Meisterwerk eines begabten Korbflechters sein oder ein hübscher Einrichtungsgegenstand aus dem Regal eines großen Warenhauses. Selbst wenn in Europa der Beruf des Flechtwerkgestalters fast verschwunden ist und wir uns kaum je mit Körben beschäftigen, in unserem Alltag sind wir nach wie vor von ihnen umgeben. Wir verfügen über Papier-, Einkaufs- und Fahrradkörbe. Wir werfen die Wäsche in einen Wäschekorb, und wenn wir einen Ausflug machen, haben wir möglicherweise sowohl einen Sammelkorb für Pilze als auch einen Picknickkorb dabei. Selbst wenn sie nicht mehr aus Bast und Weide hergestellt werden, sondern aus Plastik – ihr Ursprung im altbekannten geflochtenen Korb ist unverkennbar.

Das Flechten von Körben und Taschen ist auch in unserer Zeit nach wie vor von Bedeutung. Heute wie damals brauchen wir Behältnisse, in denen wir Dinge transportieren oder aufbewahren können. Unter klimatischen Gesichtspunkten haben traditionelle Körbe Vorteile, weil sie meistens aus regionalen Naturmaterialien hergestellt werden. Außerdem sind heute solche Reststoffe, Reststücke und Abfallprodukte in großen Mengen vorhanden, die sich wunderbar zum Flechten eignen. Die Techniken des Verkreuzens und Verschlingens sind einfach und die Erfordernisse an Werkzeug gering. Man kann also direkt anfangen.

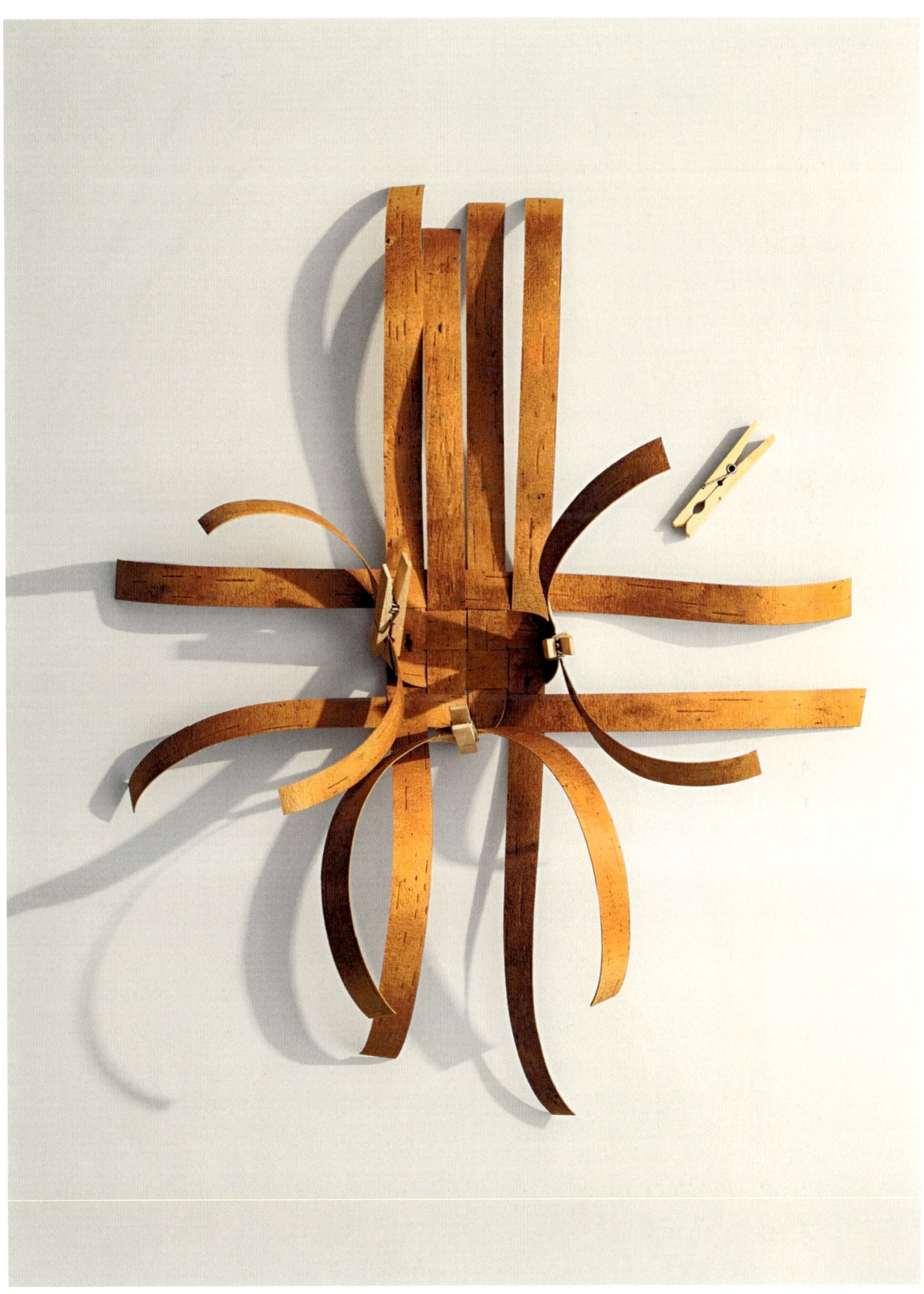

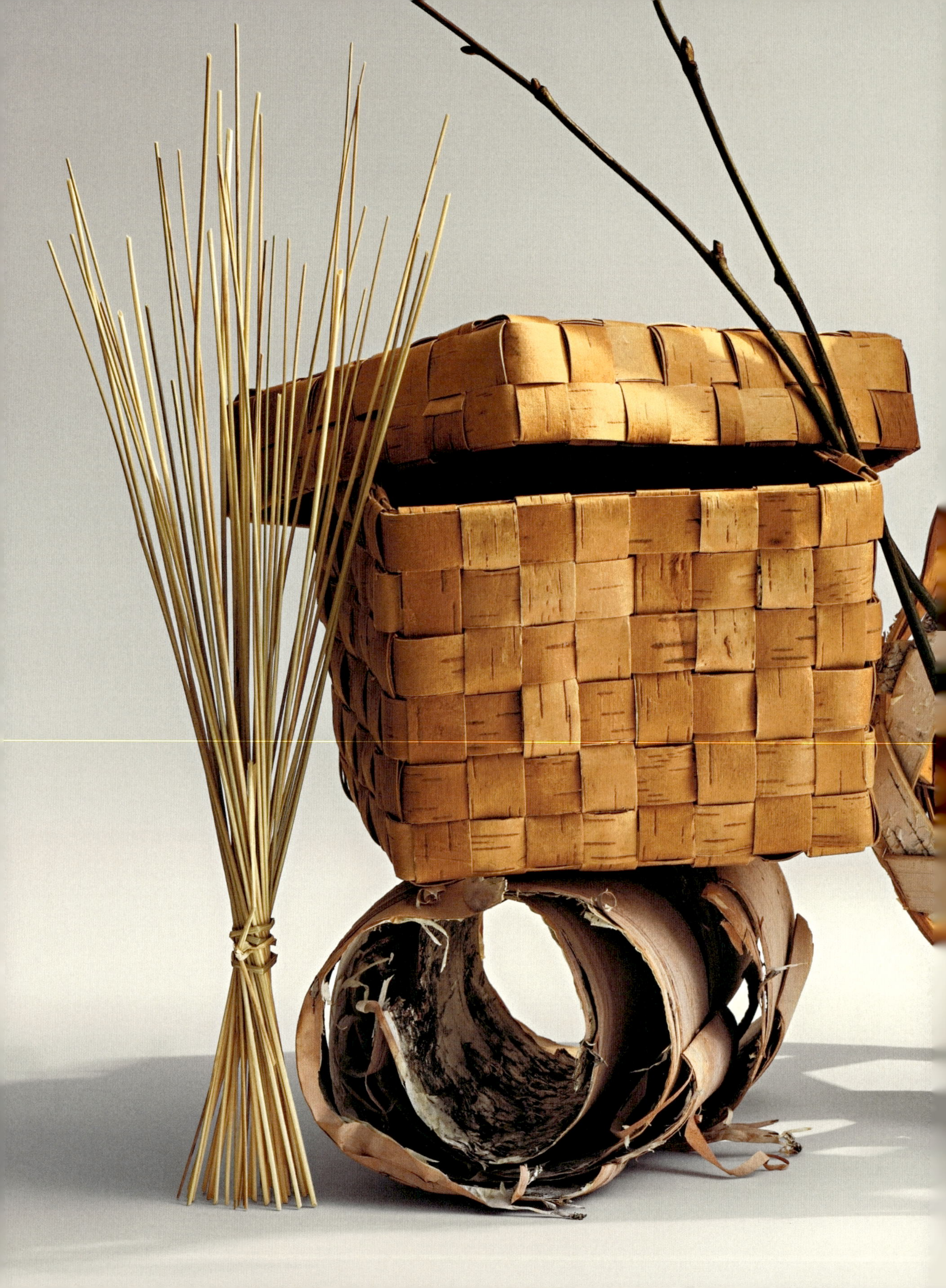

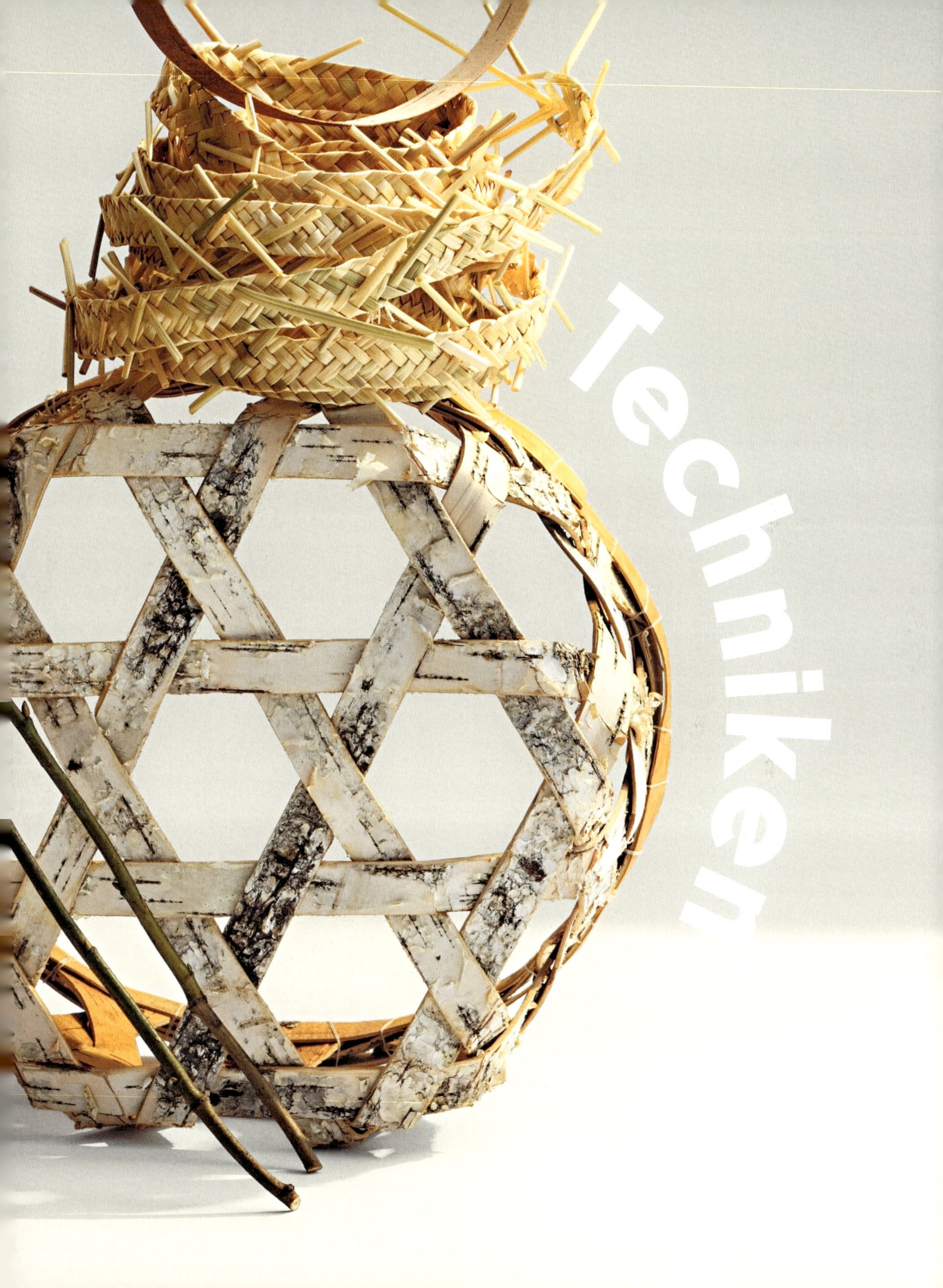

Techniken

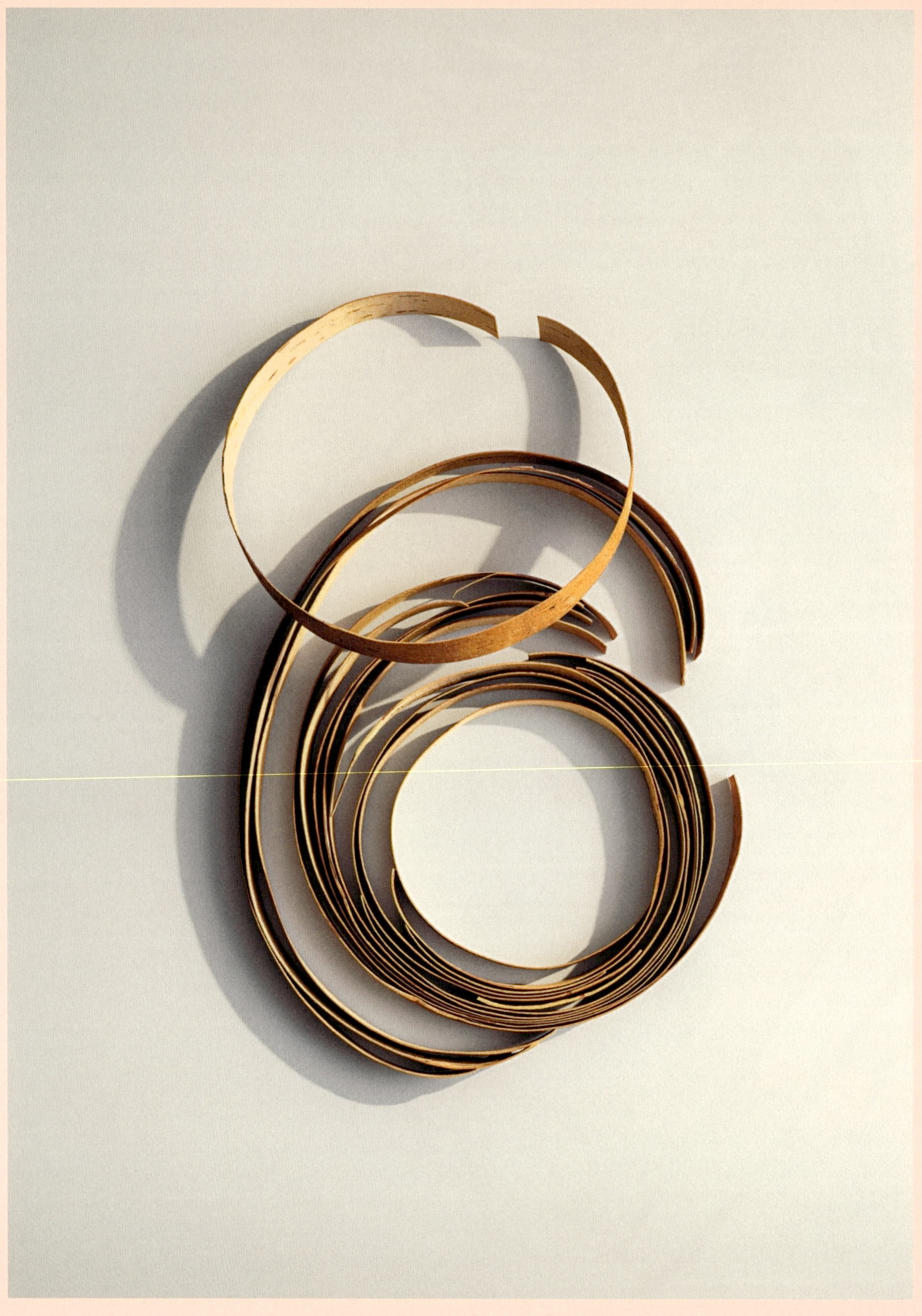

Es ist naheliegend, das Flechten mit dem Weben von Textilien zu vergleichen. Im Englischen kommt die Verwandtschaft der beiden Handwerkstechniken schon in der Sprache zum Ausdruck: Korbflechten heißt „basket weaving" – Korbweben. Es gibt verschiedene Grundformen für ein Geflecht: Man kann das Material in einen vorgefertigten Rahmen einflechten oder wie beim Weben mit Kette und Schuss arbeiten. Beim Korbflechten verwendet man die entsprechenden Begriffe Stake und Rute.

Gemeinsam ist allen Formen, dass längere, flexible Materialien aus zwei oder mehreren Richtungen verkreuzt werden, indem man sie nach einem bestimmten Schema ineinander verschlingt und sie so eine Fläche oder eine dreidimensionale Struktur bilden. Die gebräuchlichste Art ist die Karobindung, das bedeutet, dass alle Streifen abwechselnd über- und untereinander verlaufen.

Die Zahl der Flechttechniken ist groß, daher beschränke ich mich in diesem Buch auf vier Beispiele. Jede Verfahrensweise bietet hinsichtlich Muster und Funktion Raum für Abweichungen, ganz nach den Vorstellungen des Flechters oder dem Zweck des Geflechts. In diesem Kapitel beschreibe ich die Voraussetzungen und Möglichkeiten jeder Technik und erkläre die Grundlagen Schritt für Schritt. Für die Illustrationen wurden hier flache Streifen als Material gewählt, diese können aber genauso gut durch Haselruten, Sisal oder anderes Flechtmaterial ersetzt werden.

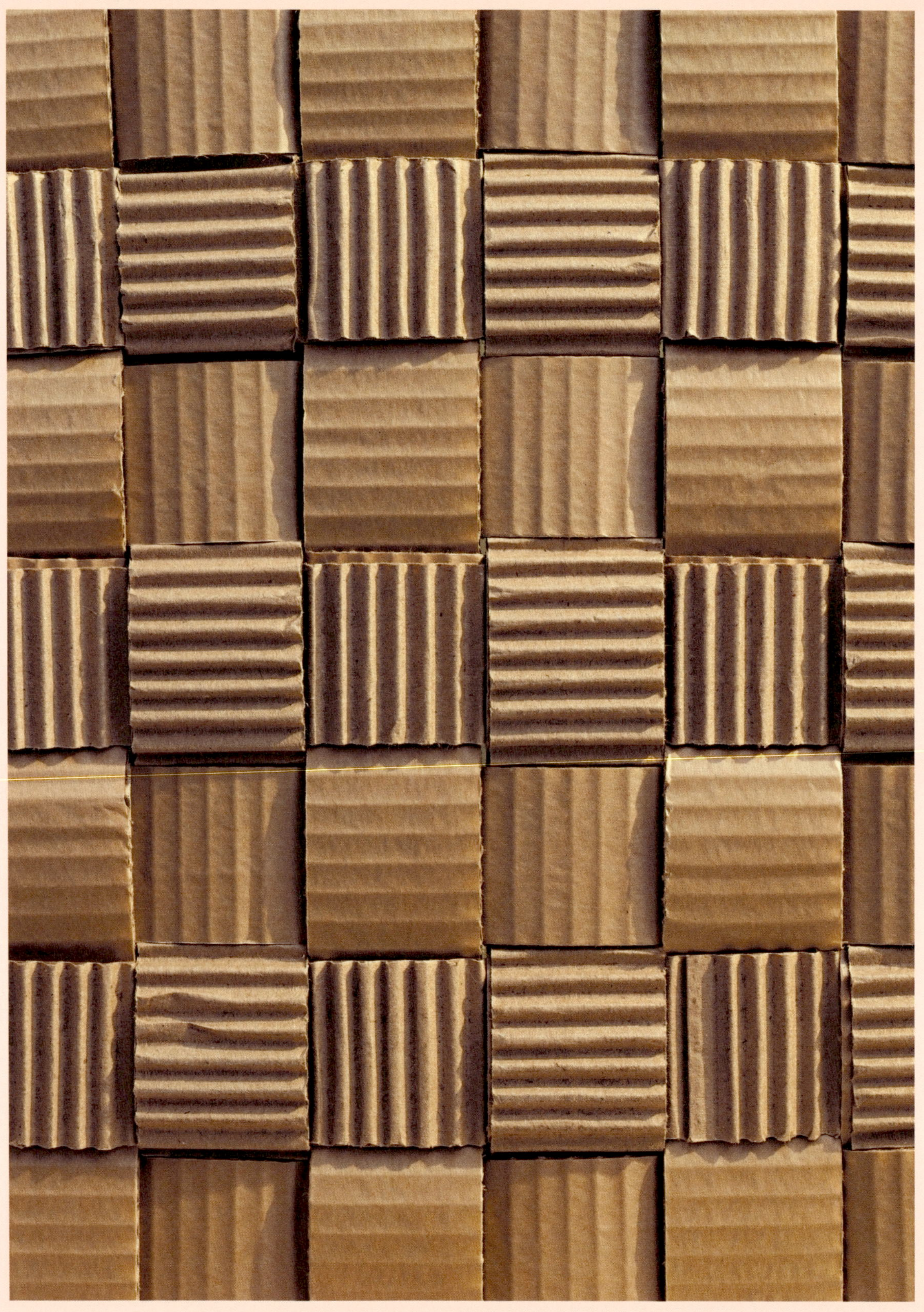

GERADES FLECHTEN

Die Technik des geraden Flechtens lässt sich durch den Gestalter vielfältig variieren. Abhängig von dem verwendeten Material kann die Wirkung unterschiedlich sein. Das Foto auf der linken Seite zeigt ein gerades Geflecht aus flachen Streifen, etwa aus Birkenrinde oder Pappe. Alle Bahnen müssen jedoch in Stärke und Flexibilität gleich sein. Die Technik wird auch für das Flechten mit Peitschen, Wurzeln oder Spanstreifen angewendet, mit dem Unterschied, dass die eingeflochtenen Ruten geschmeidiger und dünner sind als die Staken, in die sie eingearbeitet werden. Daher nennt man diese Vorgehensweise Zäunen.

Gerades Flechten beginnt häufig mit der Herstellung des Bodens, dessen entsprechend lange Staken man zum Formen der Seitenwände senkrecht nach oben biegt. Für die Seitenwände werden neue Flechtbahnen horizontal in die nun aufgerichteten Staken der Bodenplatte eingearbeitet. Die hinzukommenden Ruten werden in Runden eingeflochten und miteinander verbunden, indem man sie auf einer Breite von 3 bis 4 Streifen übereinanderlegt. Form und Größe des Bodens ergibt sich durch das Flechten der Bodenplatte. Rechteckig wird er, wenn die Zahl der Staken geringer ist als die der horizontalen Ruten. Es ist auch möglich, unterschiedlich breite Bahnen zu verwenden und so in Muster und Größe zu variieren.

Die gebräuchlichste und einfachste Art des geraden Flechtens ist das Karogeflecht, das bedeutet, die Streifen werden immer im Wechsel über- und untereinander gelegt.

1. Das gerade Geflecht beginnt in der Regel mit der Herstellung der Bodenplatte in Karobindung. Die Menge der Staken und Ruten wird den Anforderungen des Projekts entsprechend gewählt, doch anders als beim diagonalen Flechten muss ihre Anzahl nicht gleich sein. Achte beim Flechten genau auf die rechtwinklige Ausrichtung der einzelnen Streifen.

2. Knicke die überstehenden Bahnen senkrecht nach oben und beginne mit den Seitenteilen, indem du die horizontalen Streifen bis zur gewünschten Höhe einflechtest. Arbeite immer in Runden und füge, wenn nötig, neues Material ein, indem du es 3 bis 4 Bahnen breit doppelt übereinanderlegst. Diese Stellen verschaffen dem Objekt die nötige Stabilität und können etwas kniffelig sein, weil die Streifen gerne verrutschen. Arbeite deshalb die ersten Runden sehr diszipliniert und straff in derselben Form wie die Bodenplatte und fixiere die Bahnen mit Wäscheklammern, wo es erforderlich ist.

3. Hat dein Geflecht die gewünschte Höhe erreicht, müssen die hochstehenden Streifen zu einer geraden Kante geflochten werden, indem sie über die oberste Reihe gerade nach unten geknickt werden. Da nur jeder zweite senkrechte Streifen über einen horizontalen Streifen geknickt werden kann, müssen zwei zusätzliche Stützstreifen in das Geflecht eingearbeitet werden.

4. Leg die Stützstreifen auf den horizontal verlaufenden Streifen in der obersten Reihe. Dann faltest du die hochstehenden Streifen nach unten und fixierst sie, in dem du sie abwechselnd darüber- und darunterführst. Setz deine Flechtarbeit auf diese Weise mit so vielen Streifen fort, wie du benötigst, um eine gerade Kante herzustellen.

5. Flechte nun in die Teile des Geflechts zusätzliche Bahnen ein, die noch nicht doppellagig sind. Dann schneide von allen Streifen die herausstehenden Enden ab.

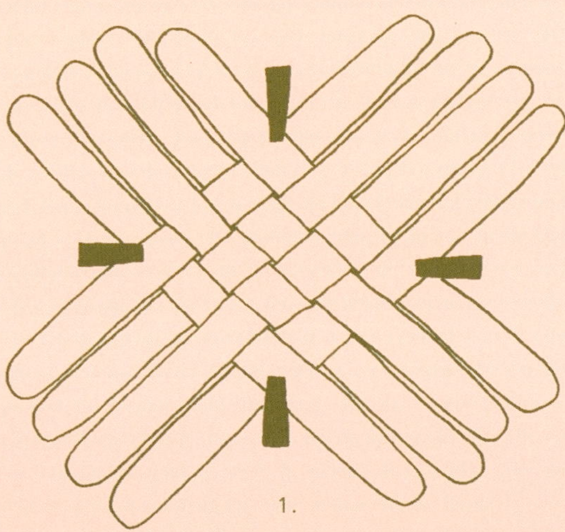

1.

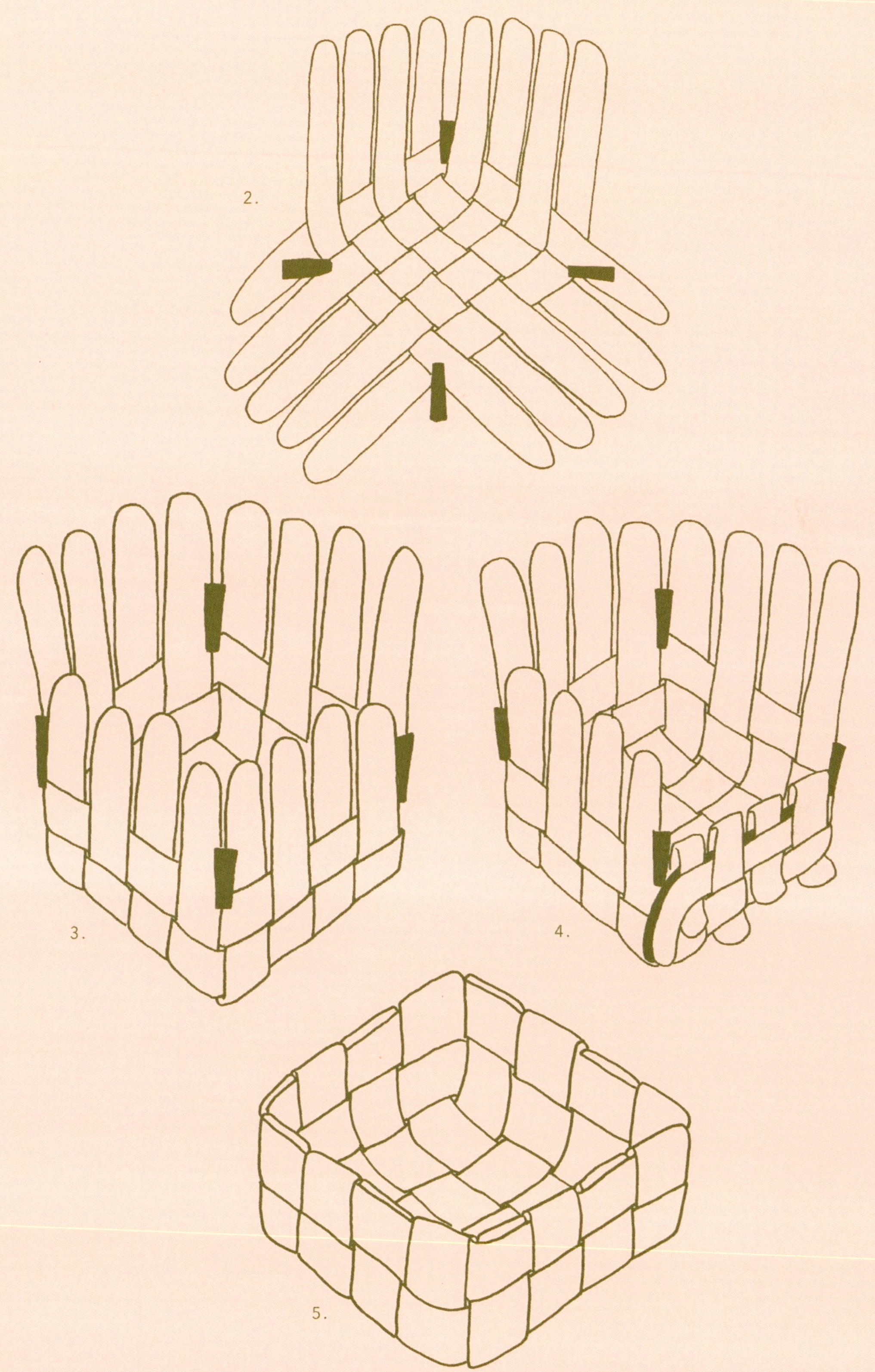

Gerades Flechten

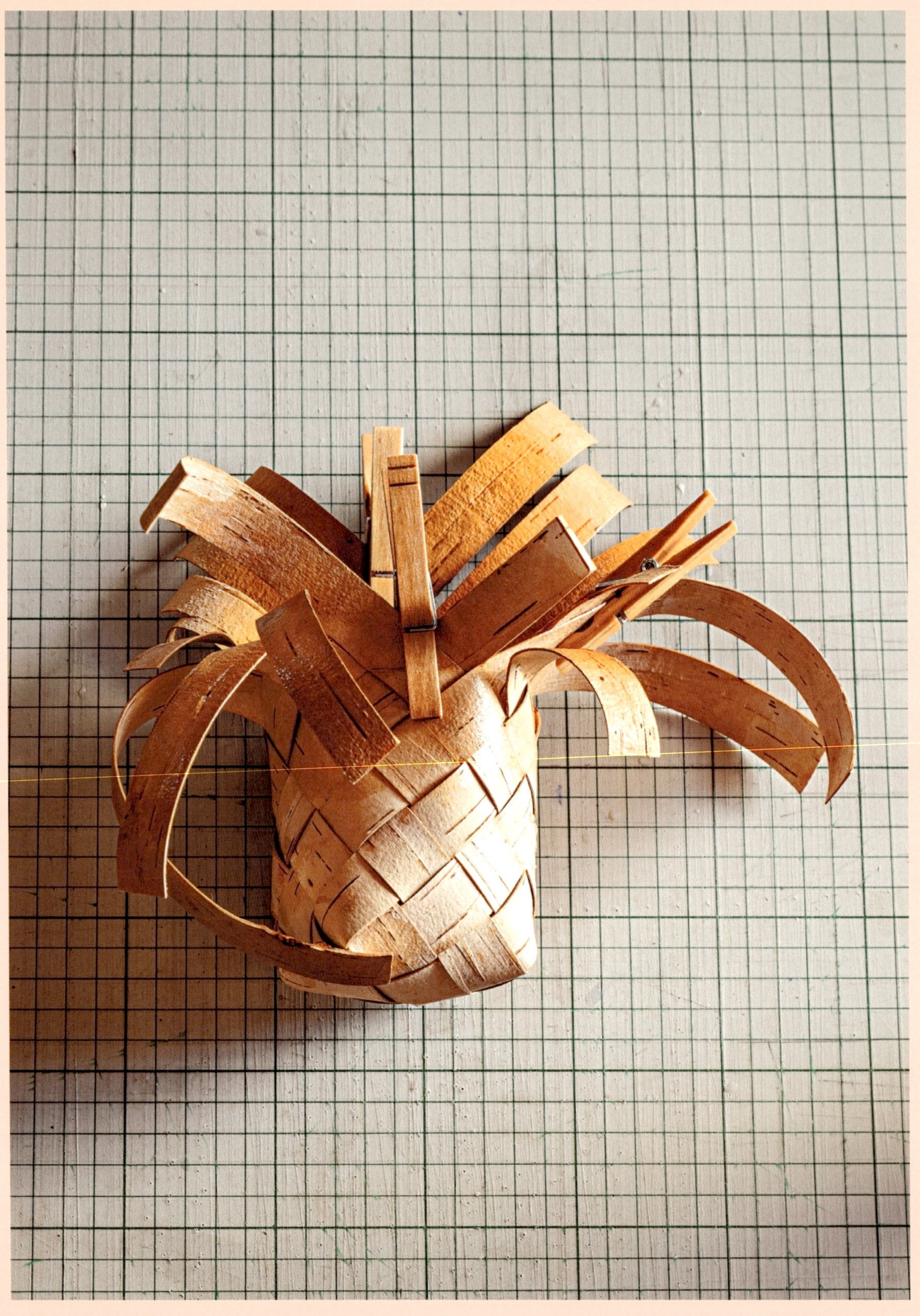

DIAGONAL-GEFLECHT

Es basiert auf demselben Prinzip wie das gerade Geflecht, doch durch den diagonalen Verlauf von Staken und Ruten können beide für eine dreidimensionale Form nach oben geknickt werden. Üblicherweise beginnt man ein diagonales Geflecht ebenfalls mit einer Bodenplatte. Diese wird fast immer quadratisch angelegt, mit gleich vielen Staken und Ruten. Am einfachsten verkreuzt man diese durch abwechselndes Über- und Untereinanderlegen (Leinwandbindung), doch genau wie beim Karogeflecht kann man auch hier mit dem Muster spielen. Die Streifen werden vom Boden aus in einem Winkel von 45 Grad hochgebogen, sie können so schräg miteinander verflochten werden und gleichzeitig die Seitenwände bilden.

Üblicherweise nimmt man für diagonales Flechten flache Bahnen. Aus der quadratischen Grundplatte kann ein rechteckiger oder ein quadratischer Boden entstehen, je nachdem, wo die Ecken der Flechtarbeit platziert werden. Wichtig ist, dass bei einer quadratischen Grundform für beide Ausrichtungen die gleiche Menge Ruten und Staken vorhanden sein muss. Für einen rechteckigen Boden funktioniert das sowohl mit einer gleichen als auch mit einer ungleichen Anzahl von Streifen. Beim Abschluss kannst du zwischen einer geraden, einer diagonalen oder einer gezackten Kante wählen. Außerdem hast du die Möglichkeit, den hinteren Teil des Geflechts zu verlängern und auf die Weise einen Deckel herzustellen.

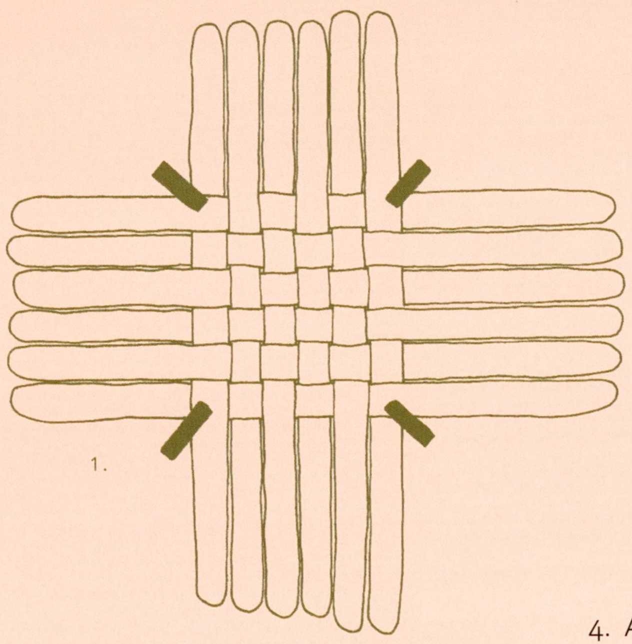

1. Verflechte für die Bodenplatte gleich viele horizontale wie vertikale Streifen immer abwechselnd über- und untereinander (Karobindung) zu einem rechtwinkligen Quadrat, welches du an den Ecken mit Wäscheklammern fixierst.

2. Nun wähle die Gestalt des Bodens. Je nachdem, ob dieser quadratisch oder rechteckig ausfallen soll, kannst du die Ecken der Seitenwände zwischen verschiedenen Bahnen der Bodenplatte platzieren. Die Zeichnungen zeigen, wie aus einem Boden von 6 x 6 Streifen ein Quadrat oder unterschiedliche rechteckige Formen gearbeitet werden können (Abbildungen 2a bis c).

3. Wenn du dich für eine Form entschieden hast, bieg dort, wo die Ecken entstehen sollen, die beiden Streifen übereinander und fixiere sie mit Wäscheklammern.

4. Auf beiden Seiten der Ecken werden nun die nach oben geknickten Streifen verkreuzt. Flechte nach demselben Schema wie beim Boden, immer abwechselnd über- und untereinander. Hier kann man leicht die Übersicht verlieren, in welcher Reihenfolge und Richtung die Bahnen verarbeitet werden müssen. Es ist daher ratsam, abwechselnd jeweils einen Streifen auf jeder Seite der Ecke zu nehmen und sich so nach oben zu arbeiten.

5. Wenn alle Ecken aufgeflochten sind, werden die Streifen an den Seitenflächen verkreuzt. Achte darauf, dass du die Streifen stramm aneinander flechtest und nutze möglichst viele Klammern, um das Geflecht zusammenzuhalten. Dann fertigst du die obere Kante per sogenanntem Rückwärtsgeflecht. Sie kann gerade, diagonal oder gezackt ausfallen. Du hast die Option, den hinteren Teil des Geflechts zu verlängern und so einen Deckel herzustellen.

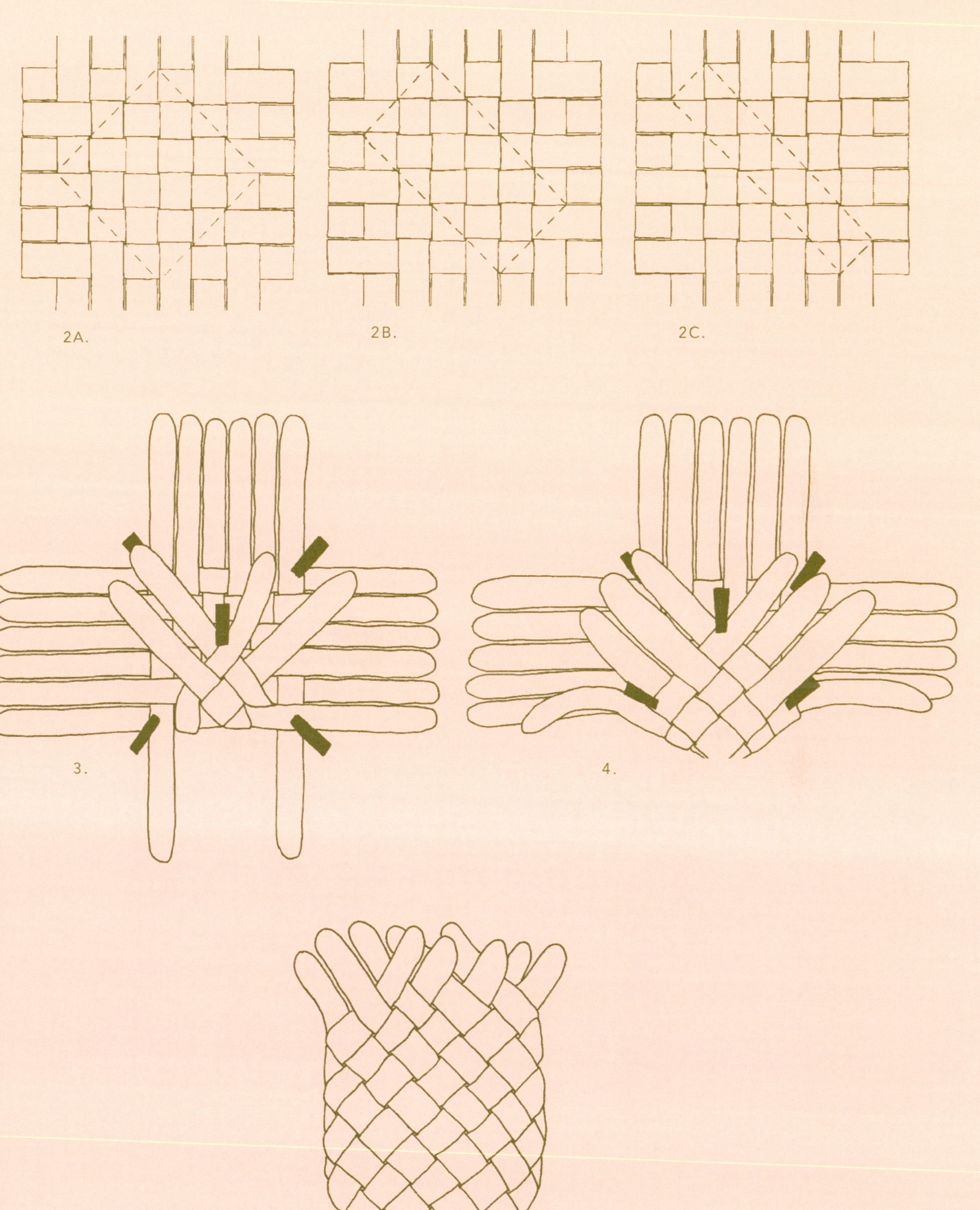

Diagonalgeflecht

GERADE KANTE

1. Arbeite immer mit Streifenpaaren, dabei bilden immer die beiden Streifen ein Paar, die sich am Rand der Schachtel kreuzen.

2. Fang irgendwo am Geflecht an und knicken ein Streifenpaar A und B nach unten, sodass eine gerade Kante entsteht. Die Streifen legen sich dabei automatisch diagonal über die Seite und folgen so dem Flechtmuster.

3. Arbeite nach rechts weiter und knicke das nächste Streifenpaar C und D auf dieselbe Weise nach unten. Dabei legt sich Streifen C über Streifen B und fixiert ihn. Nimm nun das Ende von Streifen C und schieb es zurück in das Geflecht, um so Streifen B zu befestigen. Ein Zahnstocher kann helfen, die Öffnung, in die der Streifen hineingeschoben wird, etwas zu weiten. Fahre mit der linken Seite fort und knicke nach einander alle Streifenpaare nach unten, damit rundum ein gerader Rand entsteht.

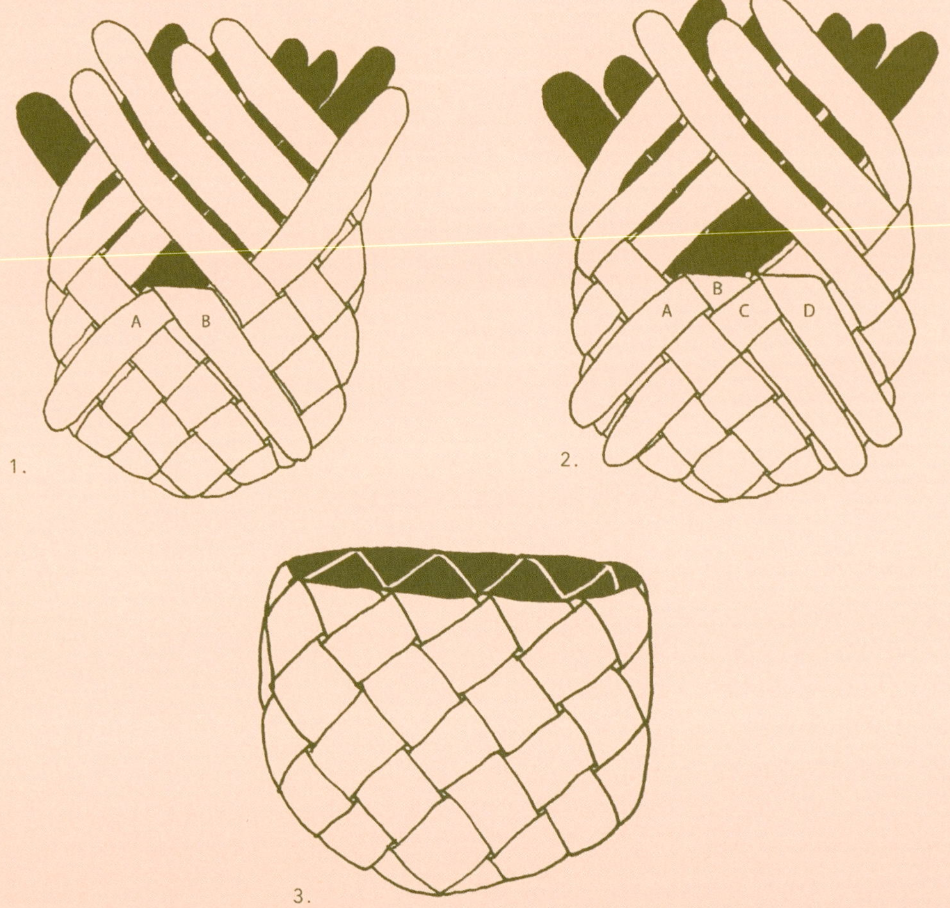

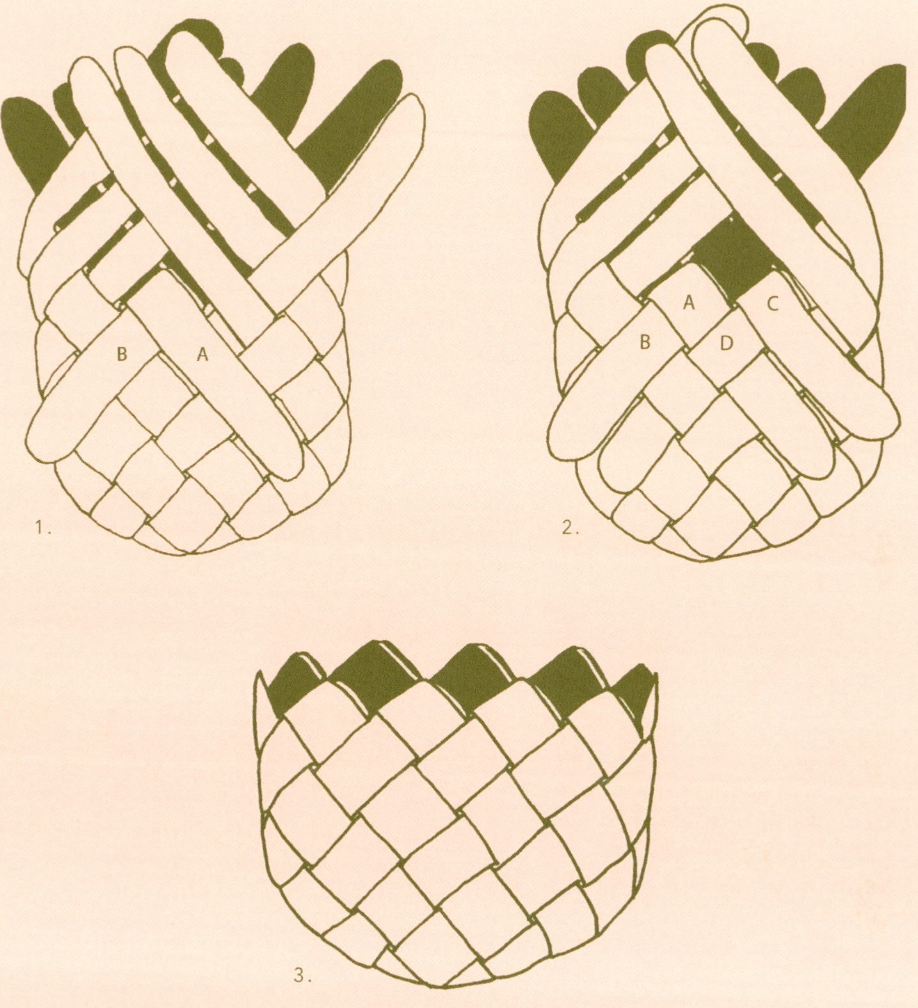

GEZACKTE KANTE

1. Für eine gezackte Kante wird jeder einzelne Streifen auf sich selbst hinunter geknickt. Genau wie bei der geraden Kante arbeitest du hierbei paarweise. Knicke die Steifen A und B nach unten, sodass sich eine Spitze bildet. Arbeite rechtsherum und knicke die Streifen C und D auf dieselbe Weise.

2. Nimm das Ende von Streifen D und flechte es in das Seitengeflecht ein, um den Streifen zu befestigen.

3. Setze deine Arbeit rechtsherum fort. Knicke nach demselben Prinzip immer jeweils zwei Streifen hinunter, sodass eine gezackte Kante entsteht.

DIAGONALE KANTE

Für einen schrägen Rand werden die Streifen so geknickt, dass sie von außen auf sich selbst zurück geflochten werden. Das funktioniert nach demselben Prinzip wie die Kante beim Karogeflecht. Diese Art von Abschluss wird zum Beispiel für Taschen gerne verwendet, wenn man einen Höhenunterschied zwischen der kurzen und der langen Seite haben möchte.

1. Damit dieses Geflecht gelingt, müssen zwei Stützstreifen eingearbeitet werden, ansonsten hätte die Kante keinen Halt. Diese werden auf den Streifen aufgelegt, an dem die schräge Kante entstehen soll.

2. Dann werden die Bahnen, die die schräge Kante bilden sollen, über die Stützstreifen geknickt und abwechselnd darüber und darunter in das Geflecht eingeflochten, um sie zu befestigen.

3. Setze das gegengleiche Flechten auf diese Weise mit allen Streifen fort, die die schräge Kante bilden sollen.

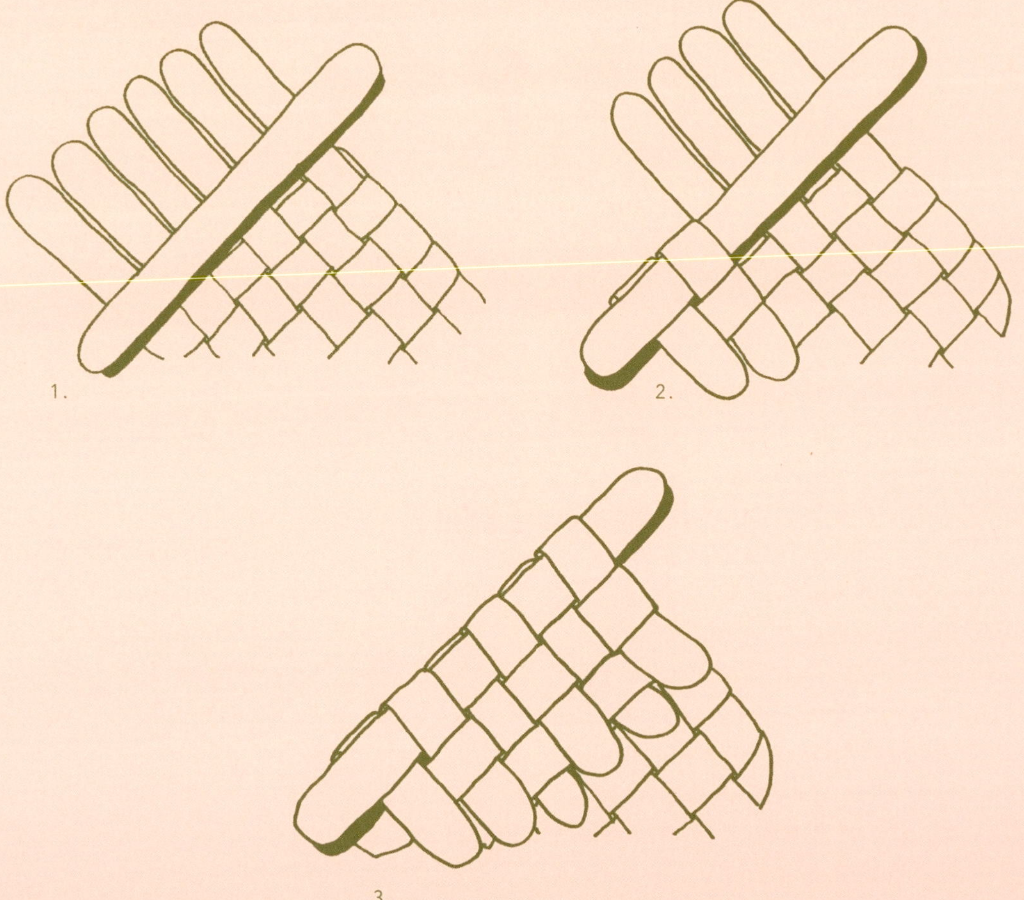

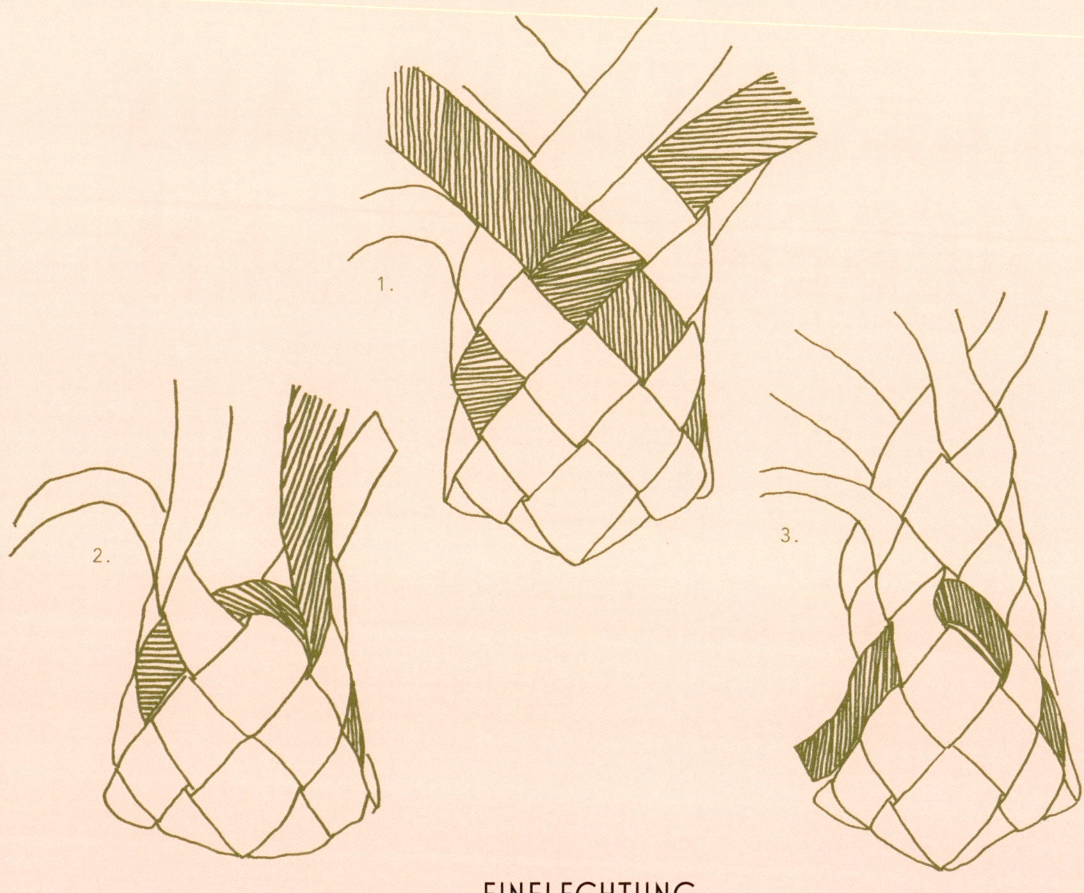

EINFLECHTUNG

Beim Diagonalflechten kannst du dein Werk durch eine Einflechtung optisch gestalten. Hierzu schiebst du über einen vorhandenen Streifen einen zweiten etwa andersfarbigen. Da du das Geflecht an dieser Stelle doppelst, hat es außerdem mehr Halt und Festigkeit.

1. Entscheide, in welchen Feldern des Geflechts du eine Einflechtung wünschst. In der Zeichnung ist es das dritte Rechteck von unten. Wenn dann, wie hier, zwei eingeflochtene Streifen aufeinanderstoßen, muss man ihre Enden entsprechend einarbeiten.

2. Fädle hierzu den linken Streifen unter den rechten und ziehe ihn fest.

3. Dann schiebst du den rechten Streifen unter den linken Streifen des Geflechts und ziehst ihn fest. Alle übrigen Streifen, die nicht Bestandteil der Einflechtung sind, werden im üblichen Diagonalgeflecht verkreuzt. Um Löcher im Geflecht zu vermeiden, müssen die Streifen der Einflechtung eventuell besonders stramm angezogen werden.

FLECHTBAND AUS SIEBEN STRÄNGEN

Aus einem solchen Band kann man zum Beispiel einen Hut nähen. Das Flechten ist dabei im Grunde ganz einfach, doch je nach Material erfordert es Übung, um ein gleichmäßiges und dichtes Ergebnis zu erhalten.

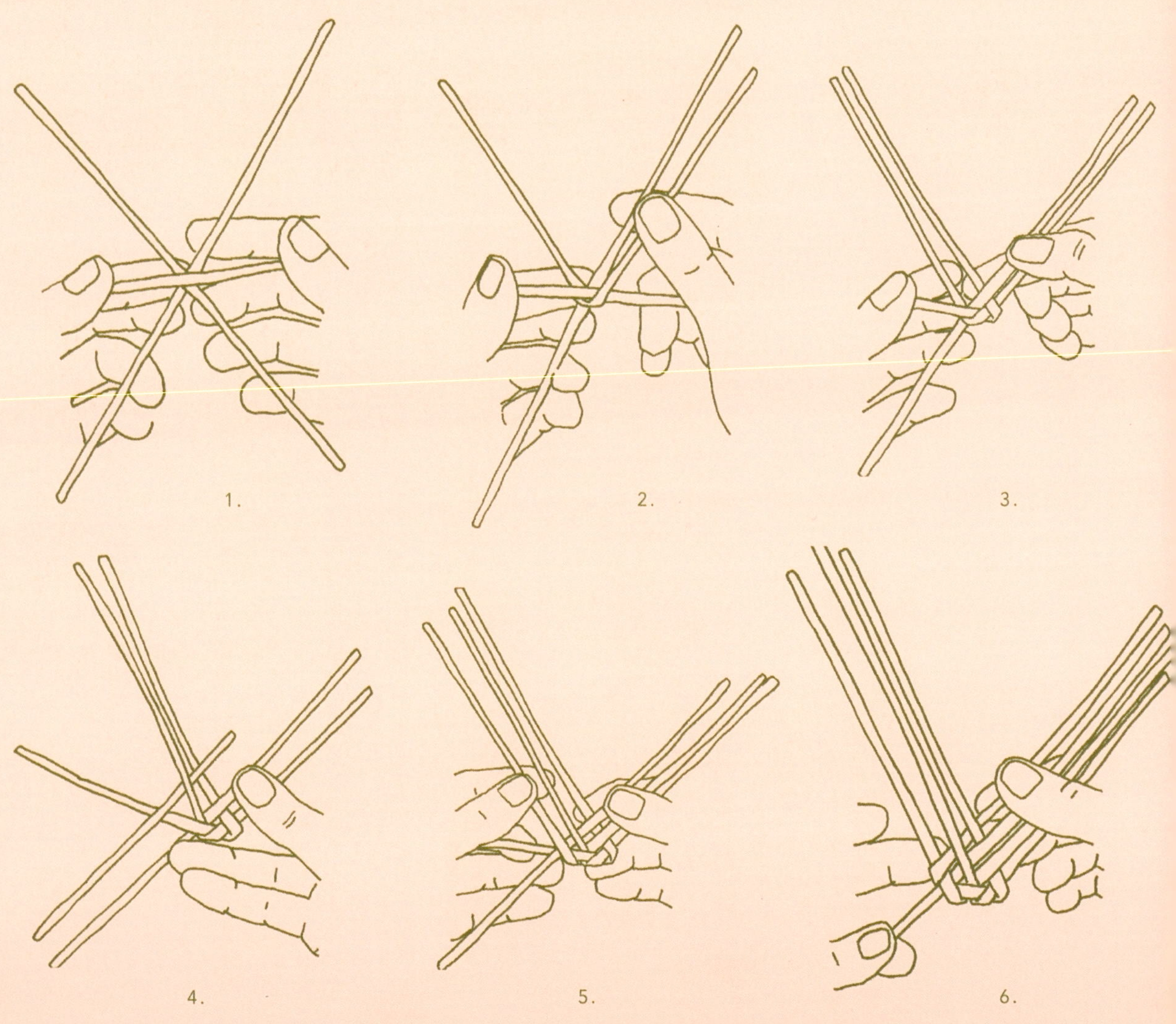

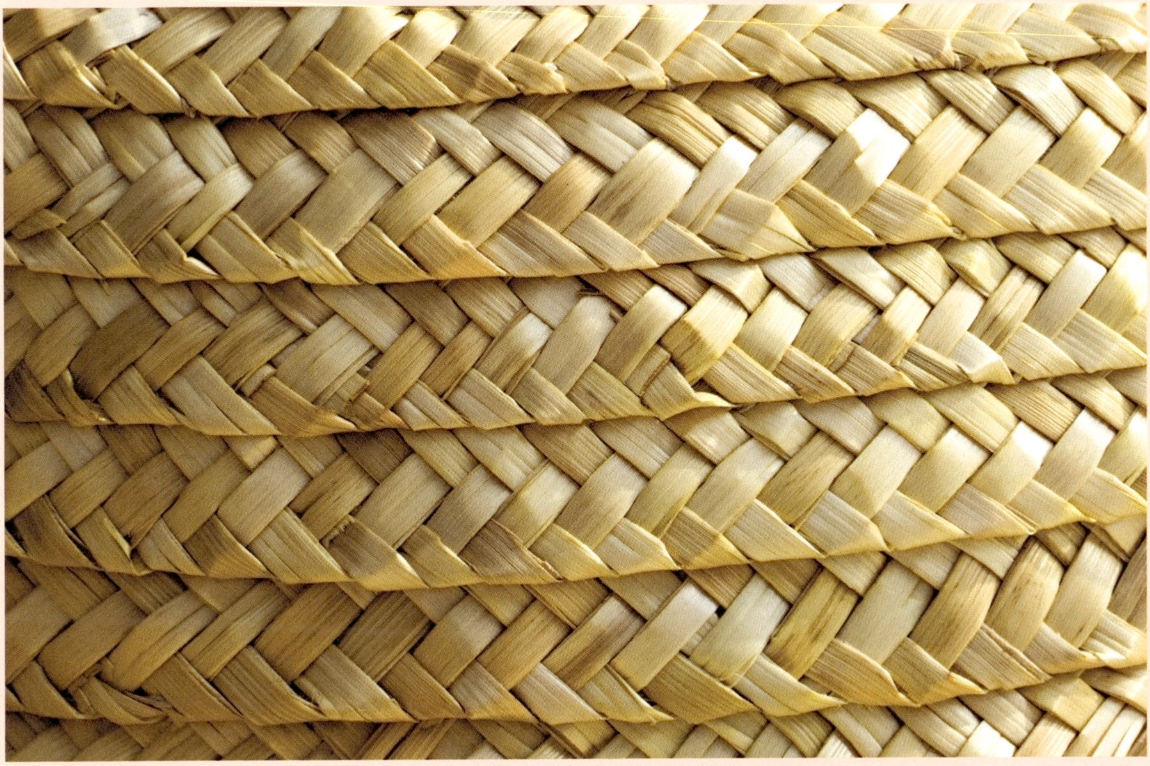

1. Das Flechtband besteht aus sieben Strängen derselben Breite. Folge den Arbeitsschritten auf den Abbildungen 1 bis 6. Beachte, dass auf Abbildung 4 ein weiterer Streifen hinzugefügt wird.

2. Ab Schritt 6 beginnst du auf der rechten Seite des Geflechts, also der Seite, auf der vier Stränge liegen, und führst den äußersten Streifen zunächst über einen Streifen und dann unter zwei Streifen hindurch. Anschließend wiederholst du diesen Schritt auf der linken Seite. Nun abwechselnd weiter so fortfahren. Während des Flechtens wirst du Streifen verbinden müssen, indem du den zu kurz gewordenen Streifen in das Geflecht einknickst und danach einen neuen hineinsteckst. Es ist wichtig, an der Verbindungsstelle der beiden Bahnen ein paar Zentimeter überstehen zu lassen, sonst besteht die Gefahr, dass das Geflecht sich löst, wenn du es später verarbeiten willst. Wenn du eine Pause machst, fixiere die Stränge mit Wäscheklammern, damit sie nicht verrutschen.

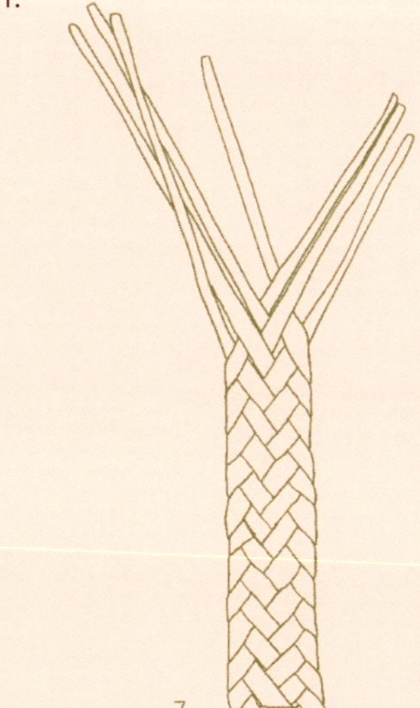

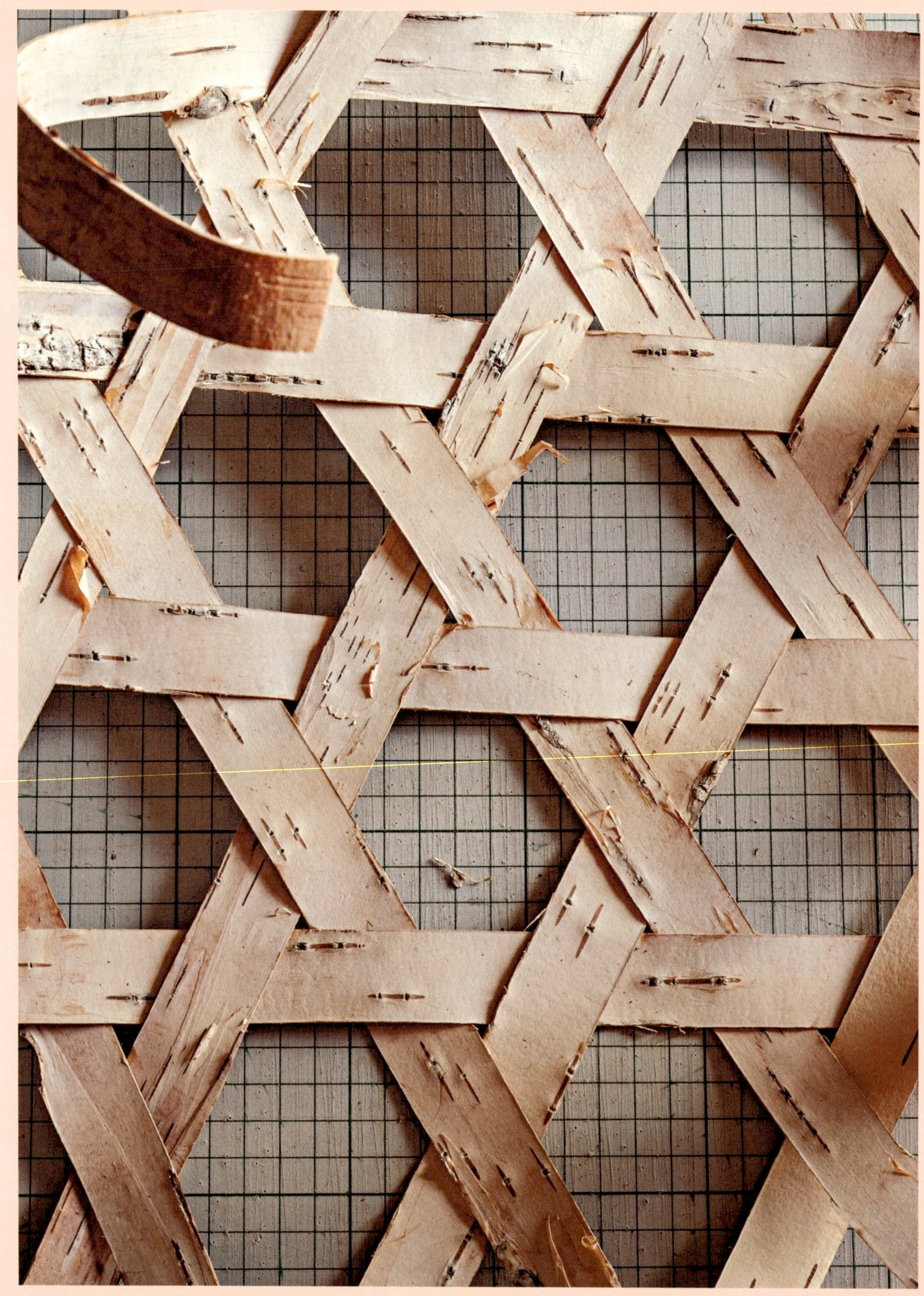

SECHSECKGEFLECHT

Dieses Geflecht gehört zu den Triaxialgeflechten – eine Technik, bei der sich das Material in drei Richtungen erstreckt und zwischen den Strängen 60-Grad-Winkel bildet. Weil das Flechtgut aus drei verschiedenen Richtungen verkreuzt wird, entsteht eine sehr starke Struktur. Diese kann offen mit einem sechseckigen Hohlraum in der Mitte geflochten werden oder dicht ohne Zwischenraum, dann spricht man von *Mad Weave*. Für diese Technik verwendet man am besten flache, lange und flexible Materialien – zum Beispiel gespaltenen Bambus, Span, Palmblätter oder Rattan. Sechseckgeflecht kommen vor allem in Japan, China, Indien, Indonesien oder in Teilen von Afrika vor, wo entsprechendes Flechtgut in der Natur wächst. Wenn du keinen Zugang zu solchem Material hast, kannst du auf heimisches zurückgreifen. Im Kapitel „Projekte" gibt es ein Beispiel aus Birkenrinde. Man kann jedoch auch gespaltene Zweige verwenden, etwa Hasel. Außerdem eignet sich diese Technik gut zur Verwertung gebrauchter Materialien wie Kunststoffbänder oder Karton.

Die offene Struktur macht es möglich, leichte, aber robuste Formen entstehen zu lassen, die weniger Material erfordern als dicht geflochtene Arbeiten. Mit dem eng geflochtenen *Mad Weave* dagegen kann man bei Auswahl verschiedener Farben Muster und optische Illusionen erschaffen. Mit grobem Flechtgut kann schnell ein offenes Sechseckgeflecht hergestellt werden, aber man kann auch sehr detailliert mit dünnen Materialien arbeiten – japanische Geflechte aus gespaltenem Bambus sind hierfür schöne Beispiele.

Genau wie die anderen Techniken kann man auch diese variieren und auf mehr oder weniger anspruchsvolle Weise umsetzen. Wir gehen hier von den Grundlagen aus und experimentieren von dort aus weiter.

1. Ein Sechseckgeflecht beginnt in der Regel mit der Bodenplatte. Die Größe des Objekts bestimmt die Anzahl der Stränge, jedoch ist sie für alle drei Richtungen immer gleich. Dort, wo sich die Streifen ineinander verschränken, bildet sich ein sechseckiger Stern, und innerhalb dieses Sterns entsteht ein hexagonaler Hohlraum.

2. Ordne auf dem Tisch diagonal immer im selben Abstand einen ersten Satz Stränge an (im Beispiel verwende ich 8). Auf diese legst du nun in einem Winkel von 60 Grad einen weiteren Satz Streifen. Falls die Bahnen verrutschen, kannst du sie an den Enden beschweren, zum Beispiel mit einem Lineal oder einem Buch.

3. Jetzt beginnt das Flechten mit den übrigen 8 Streifen. Beginne in der Mitte, um die Stränge für die Basis zu fixieren. An jedem Treffpunkt bilden die diagonalen Bahnen ein Kreuz. Die neuen Streifen werden immer abwechselnd unter und über den diagonalen Streifen durchgeführt und bis an den Schnittpunkt geschoben.

4. Die fertige Basis besteht nun aus 24 Bahnen, die in 3 verschiedene Richtungen laufen, und die äußere Form des Bodens hat sechs Ecken. Um die Seiten des Korbes herzustellen, werden die überstehenden Streifen nacheinander an der Kante der Basis vorsichtig nach oben gebogen. Knick sie dann in einem 90-Grad-Winkel nach oben. Ab jetzt arbeitest du von außen, sodass die Anordnung der sich kreuzenden Streifen umgekehrt aussieht.

5. Flechte nun einen neuen Strang direkt oberhalb der Stelle ein, an der das Basispaar sich kreuzt, abwechselnd darüber und darunter. Der neue Strang wird einmal um den gesamten Korb geflochten, bis er auf seinen Anfang trifft. Umwickle dort die Enden. Wenn du um die Ecken der Basis herumflechtest, ziehst du die jeweiligen Basispaare zusammen und kreuzt sie. Auf die Weise bildet sich in jeder Ecke ein Fünfeck, während die restlichen Hohlräume Sechsecke darstellen.

6. Flechte bis zur gewünschten Höhe weitere Bahnen ein. Schneide schließlich die diagonalen Streifen etwa 1 cm oberhalb des obersten waagerechten Streifens ab. Knicke sie um die oberste Kante. Dabei immer abwechselnd einen Streifen nach innen und einen nach außen führen.

7. Für den Abschluss legst du zwei neue Streifen auf die oberste Kante, einen auf die Außen-, den anderen auf die Innenseite. Achte darauf, dass sie gerade und an der Kante aufeinander liegen, sodass nur ein Streifen zu sehen ist. Fixiere sie mit Wäscheklammern. Nähe die Kante nun mit einfachen Stichen rund herum, damit sie festen Halt hat. Nähen kannst du mit einer dünneren Variante deines Flechtmaterials, mit einem dickeren Faden oder mit einer Schnur.

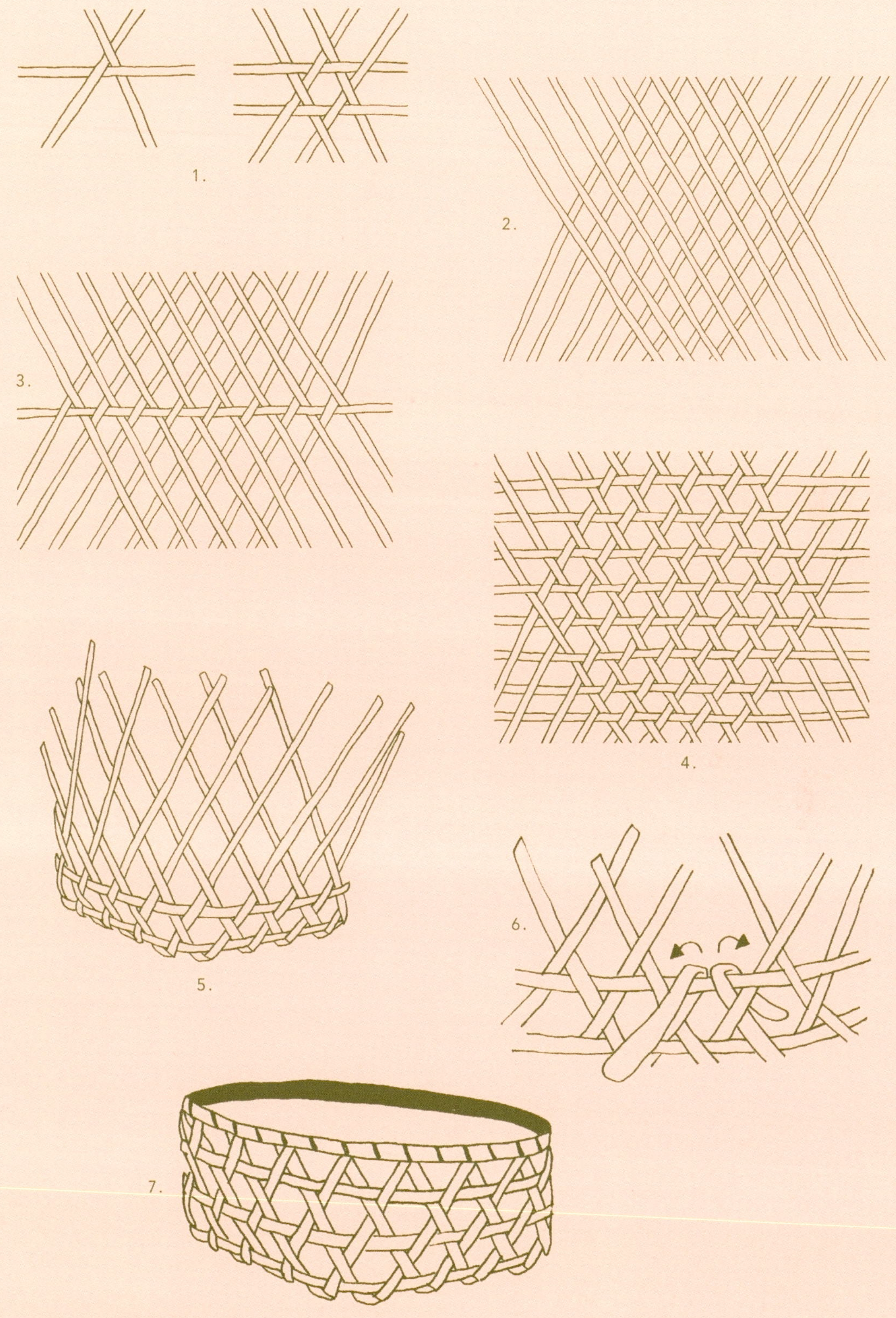

Sechseckgeflecht

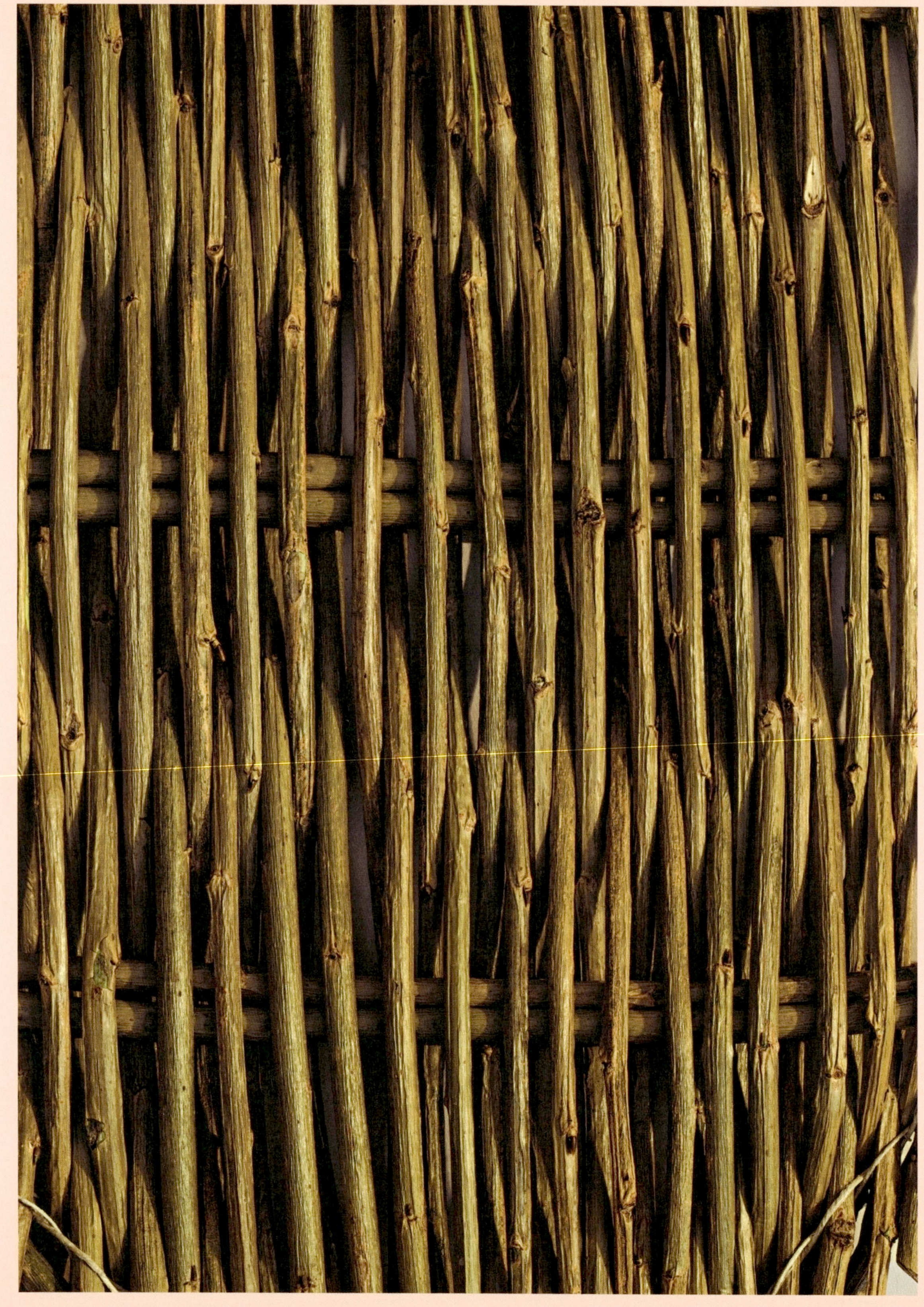

WEITERE TECHNIKEN

KREUZGEFLECHT

Dieses Geflecht liefert ein sehr starkes und haltbares Ergebnis. Es kommt häufig beim Flechten von Weidenkörben zum Einsatz und besteht aus stehenden Staken und jeweils zwei liegenden, gegenläufigen Ruten. Im Buch wird diese Technik für die Wände der Werkzeugkiste auf Seite 140 genutzt.

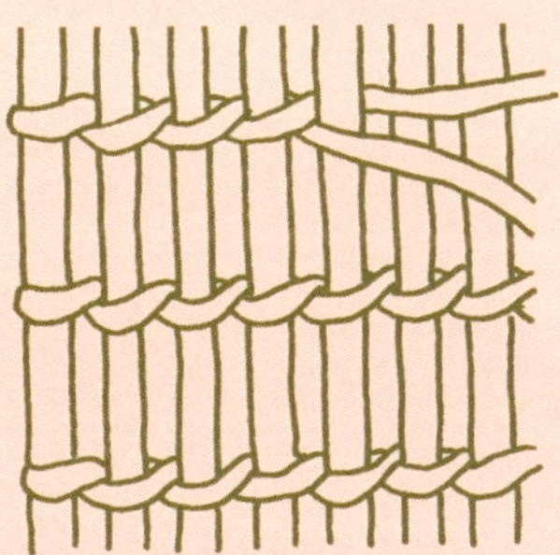

UMWICKELN MIT GEKOCHTER BIRKENRINDE

Wenn man Streifen aus Birkenrinde kocht, bekommen sie eine zähe und flexible Konsistenz, die an ein Gummiband erinnert. In diesem erhitzten Zustand ist es möglich, andere Materialien mit dieser Rinde zu umzuwickeln und zu verbinden, wenn man etwa eine Kante verstärken oder ein Gefäß verschließen will. Vorzugsweise kommt dabei dünne Rinde zum Einsatz, gerne die äußerste Schicht, die beim Säubern abgeschält wird.

Koche die Rindenstreifen circa 20 Minuten. Die Zeit hängt von der Menge und Stärke der Streifen ab. Nimm zwischendurch ein Rindenstück heraus und teste die Flexibilität. Sobald sich die Rinde zäh anfühlt und wie ein Gummiband ziehen lässt, ist sie einsetzbar. Trage Handschuhe, um dich bei der Arbeit mit der heißen Rinde nicht zu verbrennen.

Umwickle das Material wie gewünscht mit den Streifen. Anschlüsse müssen überlappen und die Bahnen gleichmäßig gespannt werden. Die Wickelkante wird mit einem Klecks Holzleim auf dem Ende des letzten Streifens abgeschlossen. Klemme die Rinde mit einer Wäscheklammer fest oder spanne ein Gummiband darum, bis der Leim getrocknet ist.

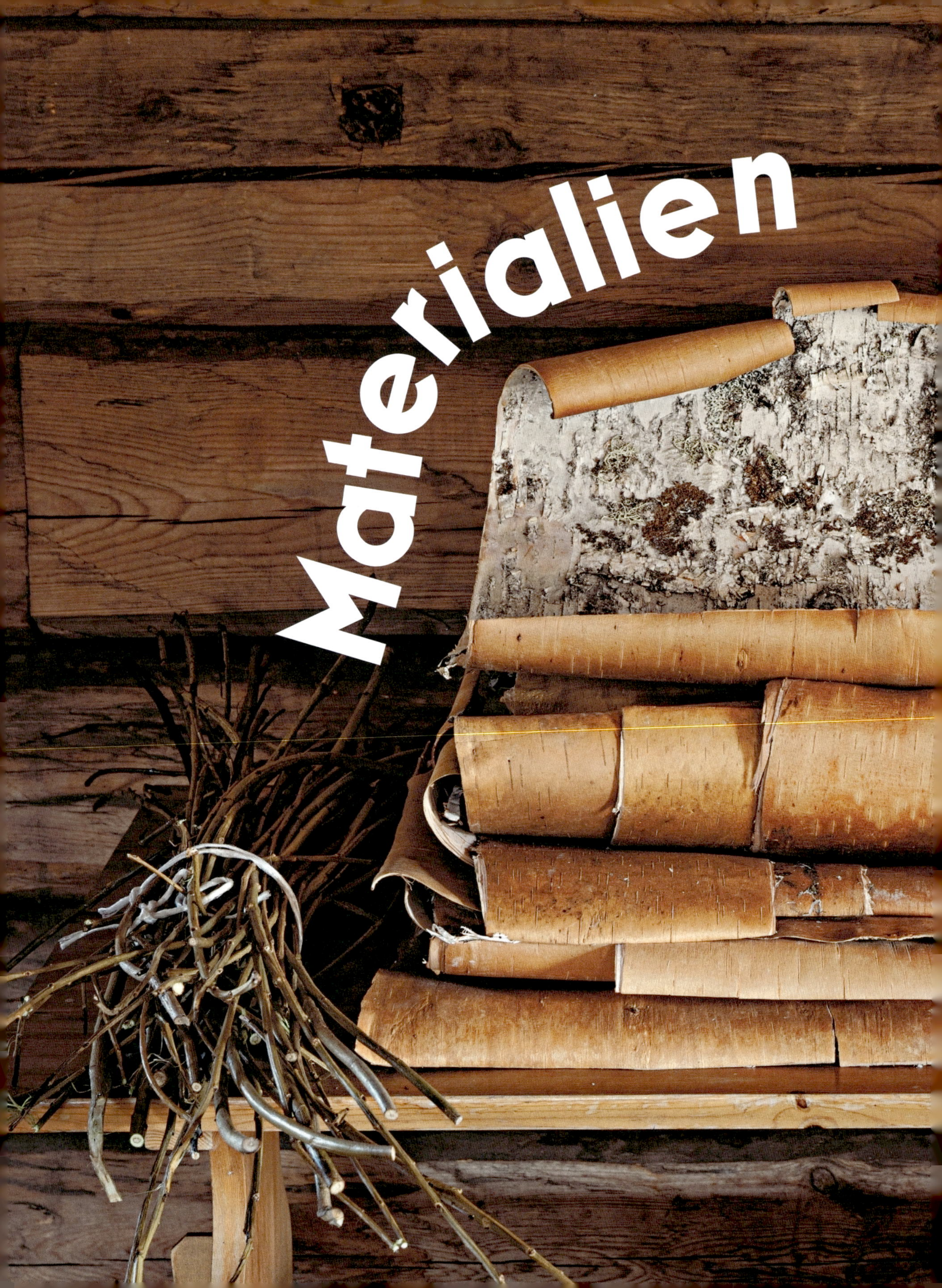

Materialien

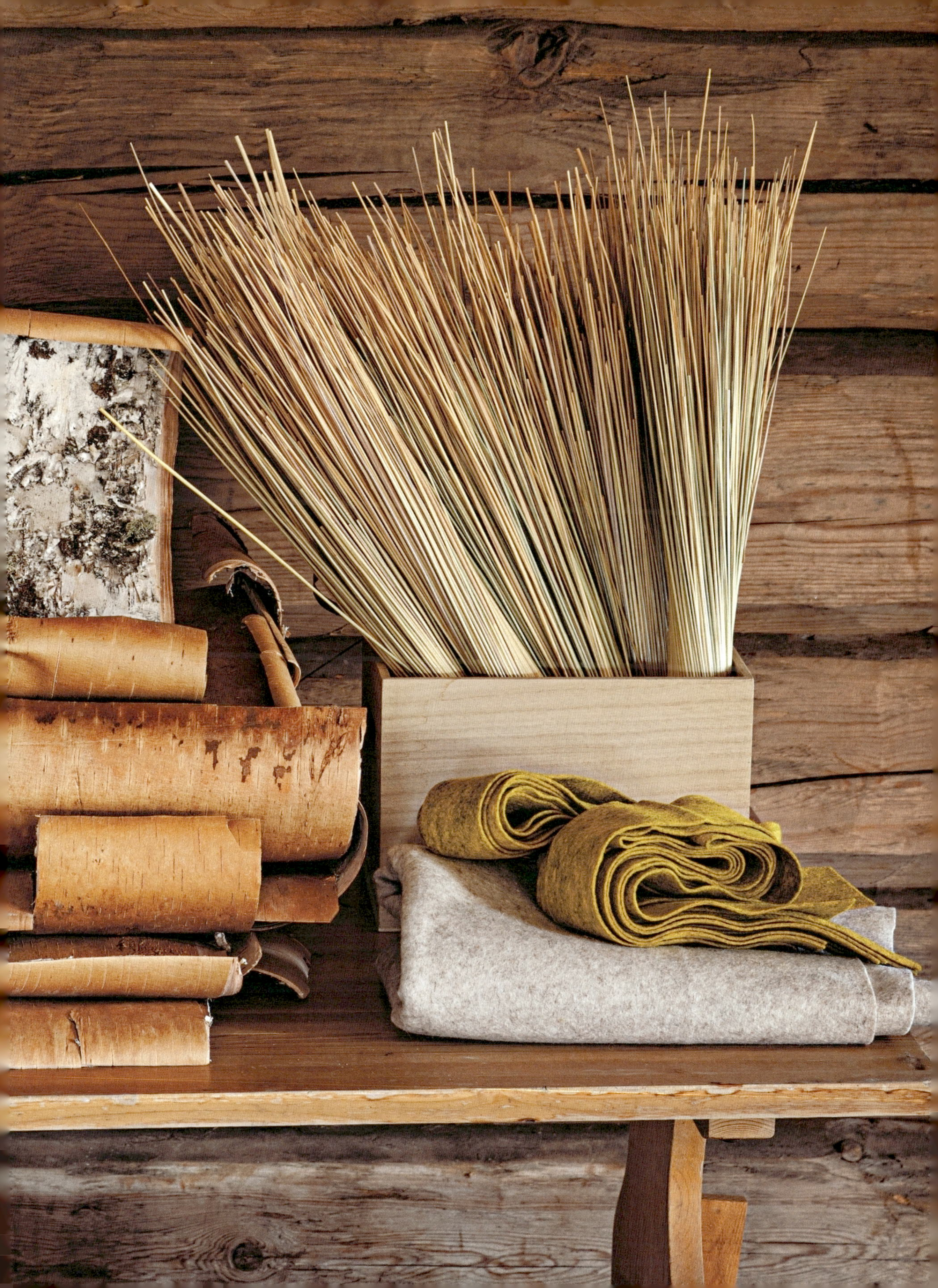

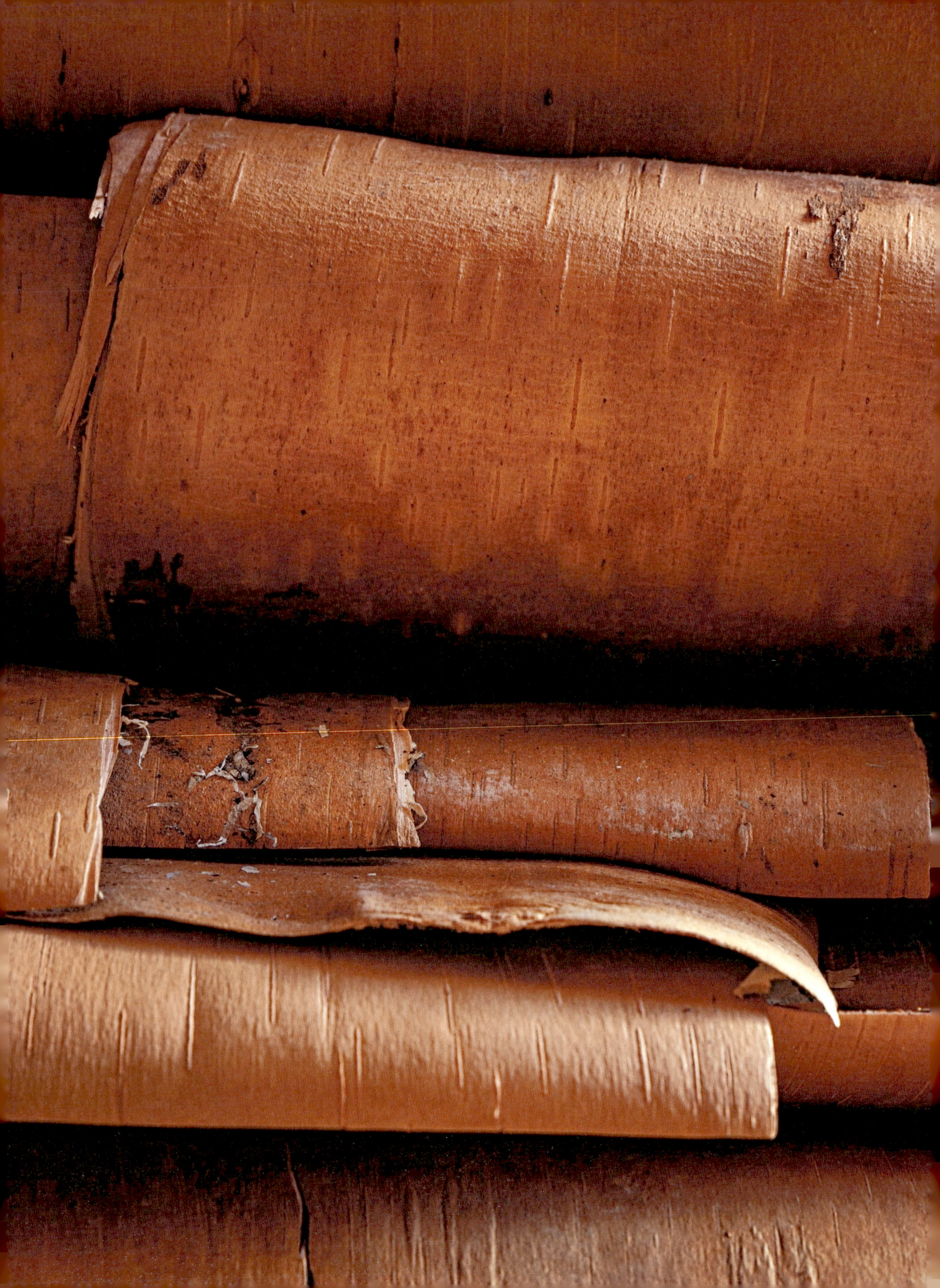

Körbe und Taschen kann man aus vielerlei flexiblen Materialien flechten, eigentlich aus allem, was man biegen oder dreidimensional verformen kann. Rund um die Welt wurden Behältnisse aus Weide, Rinde, Wurzeln, Gräsern, Holzspan und vielem mehr hergestellt. Die Auswahl der Werkstoffe, die sich zum Flechten eignen, liegt historisch gesehen schlicht in den lokalen Gegebenheiten und der örtlichen Vegetation begründet. Daher kann das Korbflechten als landestypisches Handwerk bezeichnet werden, bei dem die heimischen Materialien zum Einsatz kommen.

Auch wenn es eigentlich ausreicht, die Schritte vom Materialsammeln im Wald bis zur Verarbeitung und Herstellung des Geflechts zu verstehen, so ist es doch spannend zu erfahren, welche Materialien aus unserem Umfeld sonst Verwendung finden könnten. Besonders interessiert mich, welches Recyclingmaterial sich zum Flechten eignet. Ich mag die Herausforderung, funktionelle und gleichzeitig schöne Gegenstände aus Plastikstreifen, alten Zeitungen oder Wellpappe, mithin aus Abfall, den niemand mehr braucht, zu erschaffen.

Im Kunsthandwerk benötigt man eine gewisse Sachkunde, wenn man Material zu guten Ergebnissen verarbeiten will, so auch beim Flechten. Dieses Kapitel verschafft dir einen kurzen Überblick über das natürliche Flechtgut, das für die Projekte in diesem Buch verwendet wird, wo es im Wald zu finden ist und wie man es erntet und bearbeitet, damit man es verflechten kann. Für alle, die zwar begeisterte Flechtwerker sind, denen es aber zu mühselig ist, ihren Werkstoff erst in der Natur zu suchen, gebe ich zusätzlich Beispiele für leichter zugängliches Flechtmaterial, das man kaufen oder recyceln kann.

WEIDE

Die Familie der Weidengewächse (*Salix*) wächst als Baum, Reisig oder Busch und umfasst über 400 Arten. Die bekanntesten Sorten in Schweden sind die Salweide, Aschweide und Bruchweide. Kennzeichen der meisten Arten dieser Gattung sind die langen und flexiblen Zweige, die Weidenruten, die sich gut zum Flechten eignen. Zum Korbflechten benutzt man für gewöhnlich Korbweide, Silberweide, Bruchweide, Mandelweide, Rotweide und Reifweide. Viele dieser Arten wurden ursprünglich kultiviert, haben sich aber ausgewildert und sind nun in Teilen Schwedens in freier Natur zu finden. Für die Projekte im Buch habe ich Salweide und Bruchweide gewählt. Die Salweide wächst wild in der Nähe meines Hauses, und die Bruchweide habe ich im Garten meiner Eltern gefunden. Schau doch einmal, welche Arten aus der Familie der Weiden du in deiner Umgebung entdeckst. Zweige von Bäumen und Büschen zu schneiden, fällt nicht unter das „Jedermannsrecht", daher benötigst du immer die Zustimmung des Grundstücksbesitzers.

Für das Flechten von Körben wird am häufigsten die Salweide (*Salix viminalis*) verwendet. Sie wächst selten wild, wird heutzutage jedoch für die Energieholzgewinnung kultiviert. Sie wird auf großen Flächen in Reihen angepflanzt und in jedem Jahr auf den Stock gesetzt. Genau wie die anderen Weiden wächst auch die Korbweide sehr schnell und innerhalb eines Sommers können die Ruten drei bis vier Meter lang werden. Die einjährigen Triebe sind gelbgrün, die zweijährigen hingegen bräunlich. Schneiden kann man die Ruten von Anfang Winter bis Frühjahrsbeginn, bevor die Säfte in die Baumkrone gelangen.

Die frischen Triebe verarbeitet man üblicherweise direkt nach dem Schneiden. Weil die Triebe später beim Trocknen schrumpfen und sich das Geflecht möglicherweise verzieht, werden diese bevorzugt für gröbere Objekte zum Beispiel im Garten eingesetzt. Für diesen Zweck ist es sogar eher von Vorteil, mit frisch geschnittenen Ruten zu arbeiten, denn sie bilden leicht Wurzeln, und du kannst einen grünenden Zaun, ein Weidentipi oder eine Laube schnell herstellen.

Für Körbe und feinere Arbeiten verwendet man dagegen getrocknete Triebe. Hierzu müssen die Triebe nach dem Schneiden für etwa einen Monat getrocknet werden. Vor der Verarbeitung des Flechtguts muss es jedoch ungefähr für eine Woche wässern, damit es wieder weich wird und seine Flexibilität zurückerhält.

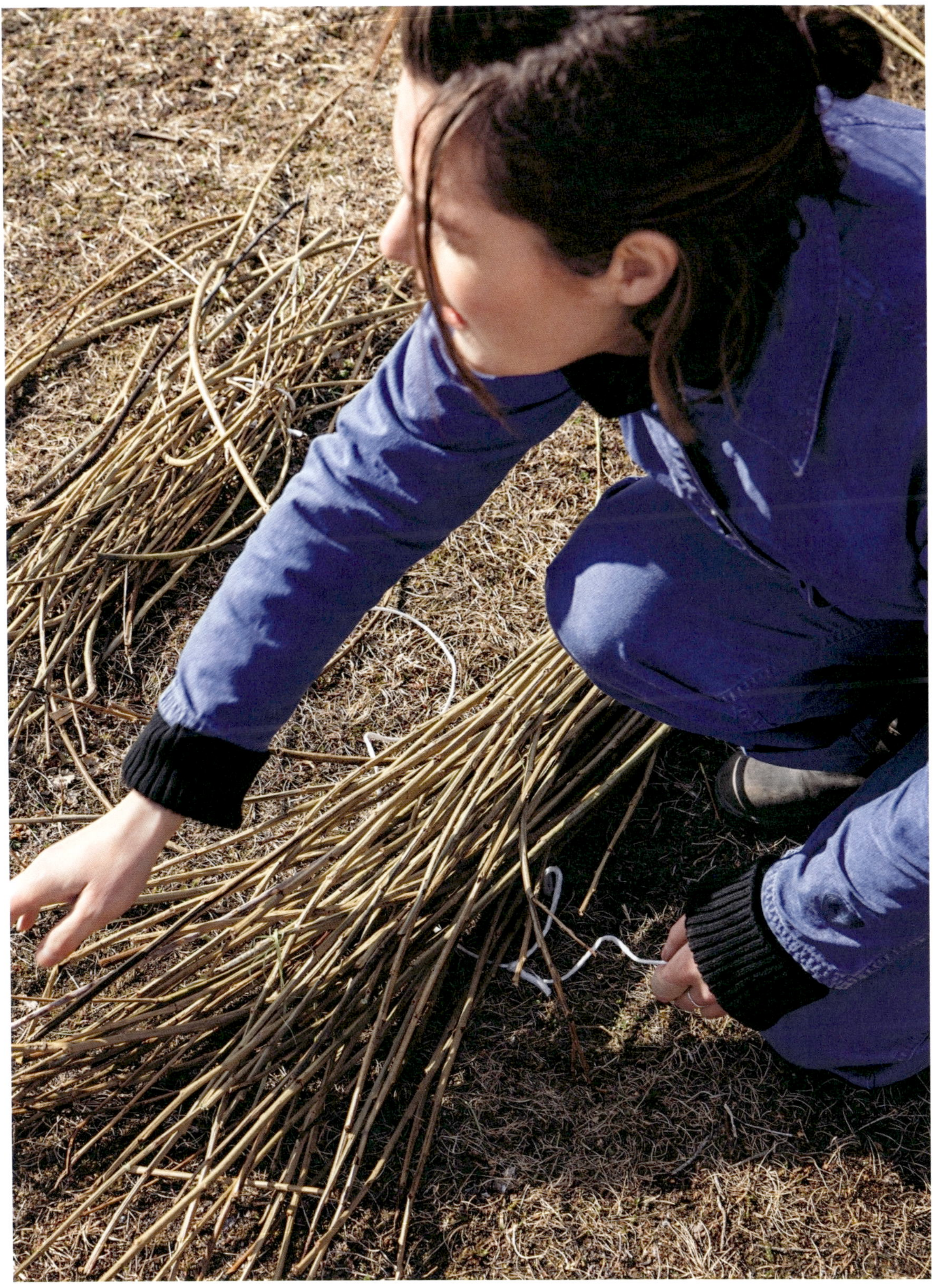

Weide

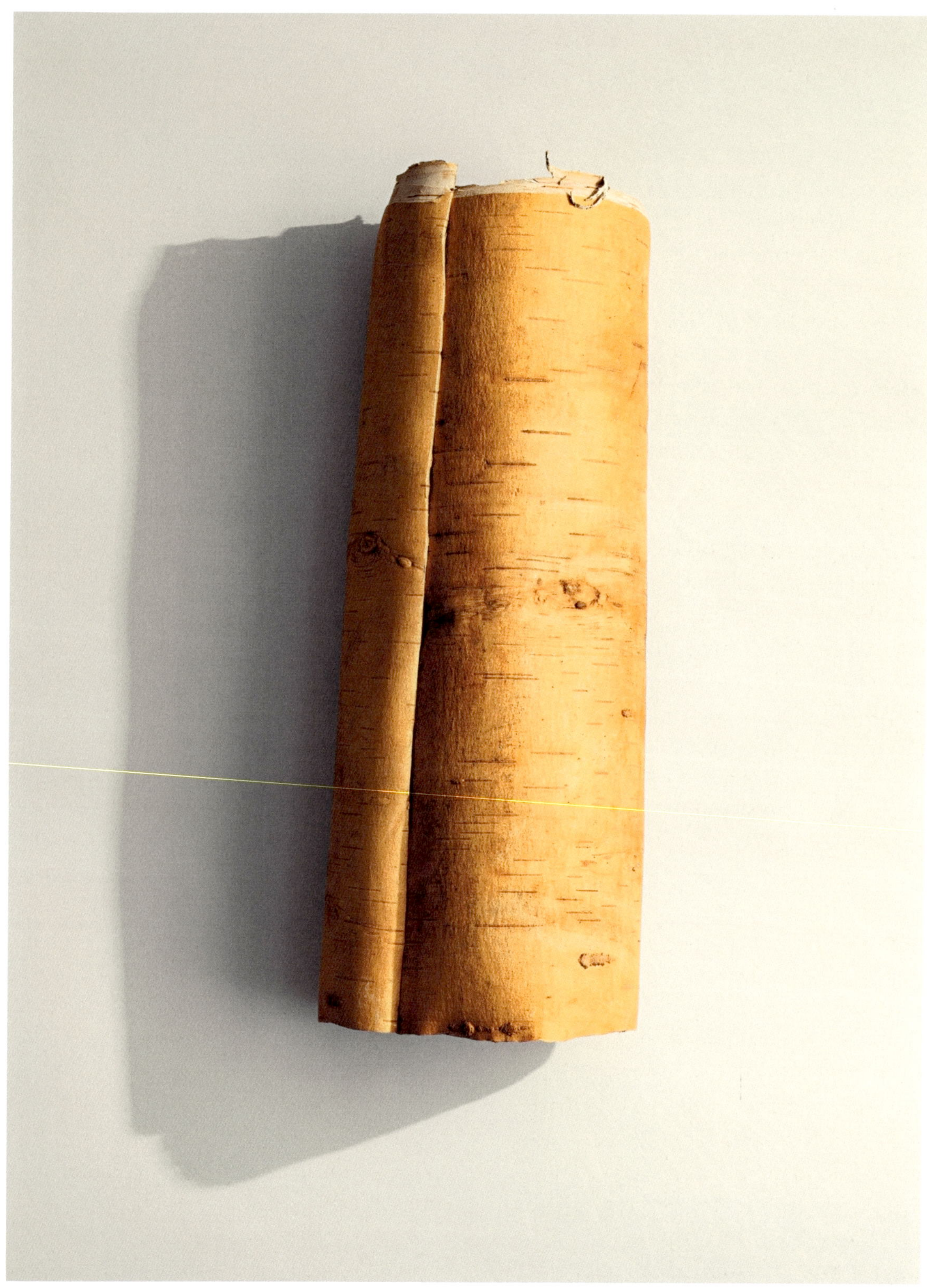

Materialien

BIRKE

Birkenrinde wurde in Schweden seit der Eiszeit als Flechtmaterial für Körbe und Behälter zur Lagerung von Lebensmitteln verwendet. Der Baum liefert ein vielseitig einsetzbares Material, das sowohl fest als auch formbar ist und je nach Art der Bearbeitung eine Beschaffenheit wie Holz, Leder oder Papier aufweist. Die Rinde isoliert gegen Kälte und Wärme, ist wasserabweisend und schützt vor Fäulnis.

Die Birkenrinde hat zwei sehr unterschiedliche Seiten: die weiße Rindenseite und die dem Stamm zugewandte Saftseite. Üblicherweise verbindet man die braunrote Saftseite mit Handarbeiten aus Birke, denn diese ist handschmeichelnd und beständig gegen Feuchtigkeit und Nässe. Die Rindenseite ist empfindlicher als die Saftseite, kann schnell zerkratzen oder sich durch Feuchtigkeit verfärben und kommt deshalb im traditionellen Kunsthandwerk nicht so oft zum Einsatz.

Birkenrinde besteht aus vielen dünnen Schichten und muss gespalten werden, damit sie schlanker und geschmeidiger wird. Am einfachsten geht das mit einem Cutter. Beginne auf der Rückseite an einer Ecke des Rindenstücks. Trenne die Schichten vorsichtig voneinander und ziehe sie in Streifen ab. Wie viel du abschälst, hängt von der Rindendicke ab. Das geschälte Stück sollte ca. 1–2 mm dick sein.

Nach dem Schälvorgang schneidest du das Material mit einer Schere oder einem Messer längs der Faser in Streifen. Birkenrindenfasern ziehen sich rund um den Baumstamm. Das ist leicht an den dünnen Linien zu erkennen, den sogenannten Birkenaugen oder Lentizellen, die parallel zur Faserrichtung der Birkenrinde verlaufen.

Die Rinde der Moorbirke eignet sich am besten zum Handwerken. Da der Baum weitverbreitet ist, dürfte es nicht schwierig sein, vor Ort in Bastelgeschäften an Birkenrinde zu kommen. Allerdings sollte man hohe Ansprüche an die Qualität stellen, denn inzwischen wird sie oft aus dem Ausland importiert. Wenn du keine großen Mengen benötigst, wäre es die schönste Art, sie selbst vom Baum zu schälen. Selbstverständlich muss hierzu immer die Genehmigung des Grundstückseigentümers eingeholt werden. Wenn das Abschälen vorsichtig geschieht, nimmt der Baum dadurch keinen großen Schaden, und die Rinde bildet sich innerhalb einiger Jahre neu, allerdings in schlechterer Qualität. Außerdem sehen die Bäume nach dem Schälen nicht mehr so schön aus. Ich selbst frage deshalb Eigentümer immer, ob ich die Rinde von den Bäumen nehmen darf, die sie ohnehin zum Fällen vorgesehen haben.

Der Frühsommer ist die beste Zeit, um Birkenrinde zu ernten, denn dann steht die Birke im vollen Saft. Zu diesem Zeitpunkt lässt sich das Material am leichtesten vom Stamm lösen und das Risiko, den Baum zu beschädigen, ist am geringsten.

STROH

Unter Stroh versteht man die getrockneten Stängel von Roggen, Weizen, Hafer und Gerste. Es ist vielseitig einsetzbar, als Futter oder Einstreu für Tiere, als Brennstoff oder als Bastelgut im Kunsthandwerk. In der Vergangenheit wurden mit Stroh Dächer gedeckt und gedämmt.

Roggenstroh eignet sich zum Basteln am besten, denn es ist elastisch und haltbar, hat lange Halme und glänzt schön. Man kann es im Herbst ernten, doch verringert sich der Aufwand, wenn man es im Bastelgeschäft besorgt.

Falls du lieber selbst aktiv werden willst, dann beachte, dass dein Stroh vor der Verarbeitung ordentlich durchtrocknet. Nach dem Trockenprozess muss es trocken aufbewahrt werden, denn bei feuchter Lagerung kann es schimmeln.

Bevor du das getrocknete Stroh verarbeitest, musst du es zunächst reinigen und im Anschluss wässern, damit es seine Elastizität zurückerhält. Die Strohhalme bestehen aus drei Teilen, die durch Knoten getrennt sind, die man beim Flechten nicht gebrauchen kann. Schneide die Knoten deshalb zunächst mit einer scharfen Schere heraus. Zum Flechten bevorzugt man den Mittelteil des Halms, weil er den längsten Abschnitt darstellt. Aber du kannst auch mit den kürzeren Teilstücken experimentieren, um für dich herauszufinden, wie dick dein Werkstück werden soll und was dir gefällt.

Damit das Stroh weich und für dich leicht zu verarbeiten ist, musst du es vor dem Flechten etwa eine Stunde lang wässern.

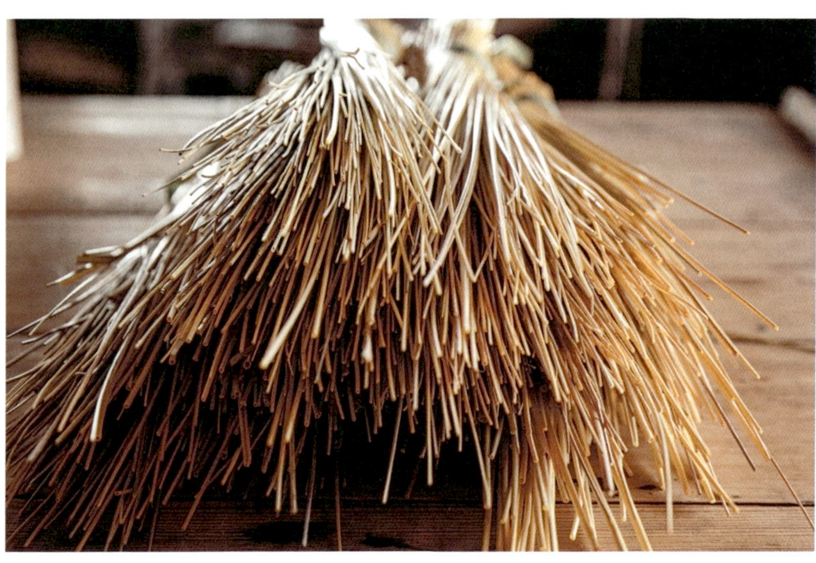

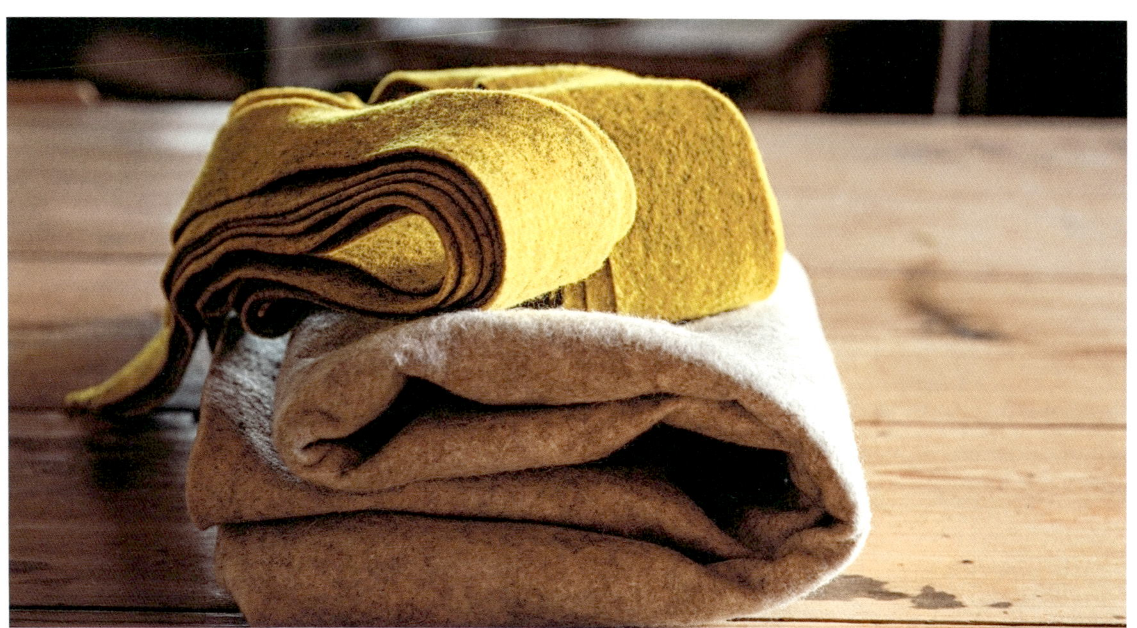

WOLLFILZ

Schafwolle ist die einzige Faser, aus der man Stoff herstellen kann, ohne dass man sie dafür zunächst verweben oder verstricken muss. Auf den Wollfasern sitzen kleine Epidermisschuppen, die der Wolle ihren Glanz geben und sie filzbar machen. Diese Eigenschaft kommt bei keiner anderen – weder natürlichen noch synthetischen – Faser vor.

Die Schuppen verhaken sich ineinander, wenn die Wolle Reibung ausgesetzt wird. Je mehr sie gerieben wird, umso besser verhaken sich die Fasern und es entsteht allmählich ein Stoff. Diesen Prozess nennt man Filzen. Der gefilzte Stoff kann im Anschluss gewalkt werden, was ihn dick, dicht und haltbar macht.

Zwei Verfahrensweisen sind gebräuchlich: Nadelfilzen und Nassfilzen. Das Nassfilzen ist die ältere Technik und eignet sich am besten, wenn du Stoff von Hand filzen möchtest. Die Schafwollfasern werden zu einem dünnen Flor gebürstet, welcher in warmem Seifenwasser gewässert und dann mit kleinen Bewegungen per Hand gerieben wird. Je länger du die Wolle bearbeitest, umso dichter und glatter wird dein Stoff.

Wollfilz eignet sich wunderbar zum Flechten, weil er nicht ausfranst und weil man ihn zu hübschen und gleichmäßigen Streifen schneiden kann. Falls du den Filz nicht selbst herstellen kannst oder möchtest, er ist auch fertig erhältlich.

RECYCLING-MATERIAL

Historisch betrachtet war die Wiederverwendung von Material ein Muss. Gebrauchsgegenstände waren häufig von guter Qualität und auf lange Haltbarkeit ausgerichtet und wenn sie kaputtgingen, wurden sie repariert, um immer wieder verwendet zu werden. Mit der Industrialisierung erfolgte die Einführung neuer Materialien und Produktionsmethoden, die es gestatteten, Gegenstände sowohl schnell als auch preiswert herzustellen. Damit begann eine Ära, in der wir zunehmend unsere Bindung an die Werkstoffe, das Wissen über ihre Herstellung und ihre Reparatur verloren. Der Lebensstandard stieg und man musste kaputte Dinge nicht mehr richten. Es war billiger und einfacher, etwas neu anzuschaffen, als den Gebrauch von Altem zu erhalten. Vieles, was es heute zu kaufen gibt, ist nicht einmal mehr auf eine mögliche Reparatur ausgerichtet. Dass die Wegwerfmentalität sowohl auf die Menschen als auch auf das Klima einen negativen Einfluss hat, ist uns allen bewusst. Trotzdem wird weiterhin Tag für Tag Unmengen von Material weggeworfen, das wiederverwendet und dem neue Aufgaben und Funktionen zugeführt werden könnten.

Beim Basteln und im Kunsthandwerk bildeten stets die Werkstoffe aus dem Umfeld der Menschen die Grundlage. Heute, da der Zugang zu natürlichen Rohstoffen abnimmt und die Müllberge zunehmen, ist es wichtig, dass man sich als Bastler, Designer, Handwerker oder Künstler die Frage stellt, welches Material man verwendet und wofür. Aus diesem Grund sollten wir auf bereits vorhandene Werkstoffe zurückgreifen, selbst wenn sie vordergründig als Müll betrachtet werden. Viele dieser Materialien eignen sich hervorragend zum Flechten von Körben und Taschen. Wellpappe, Kartonagen oder Umreifungsbänder aus Kunststoff sind flexibel und in ausreichend großer Menge und Länge verfügbar. Außerdem sind sie in ihrer Beschaffenheit oft robust und haltbar. Warum sollte man ihnen nicht durch Handwerk und Design mit einem neuen Gewand zweites Leben verschaffen?

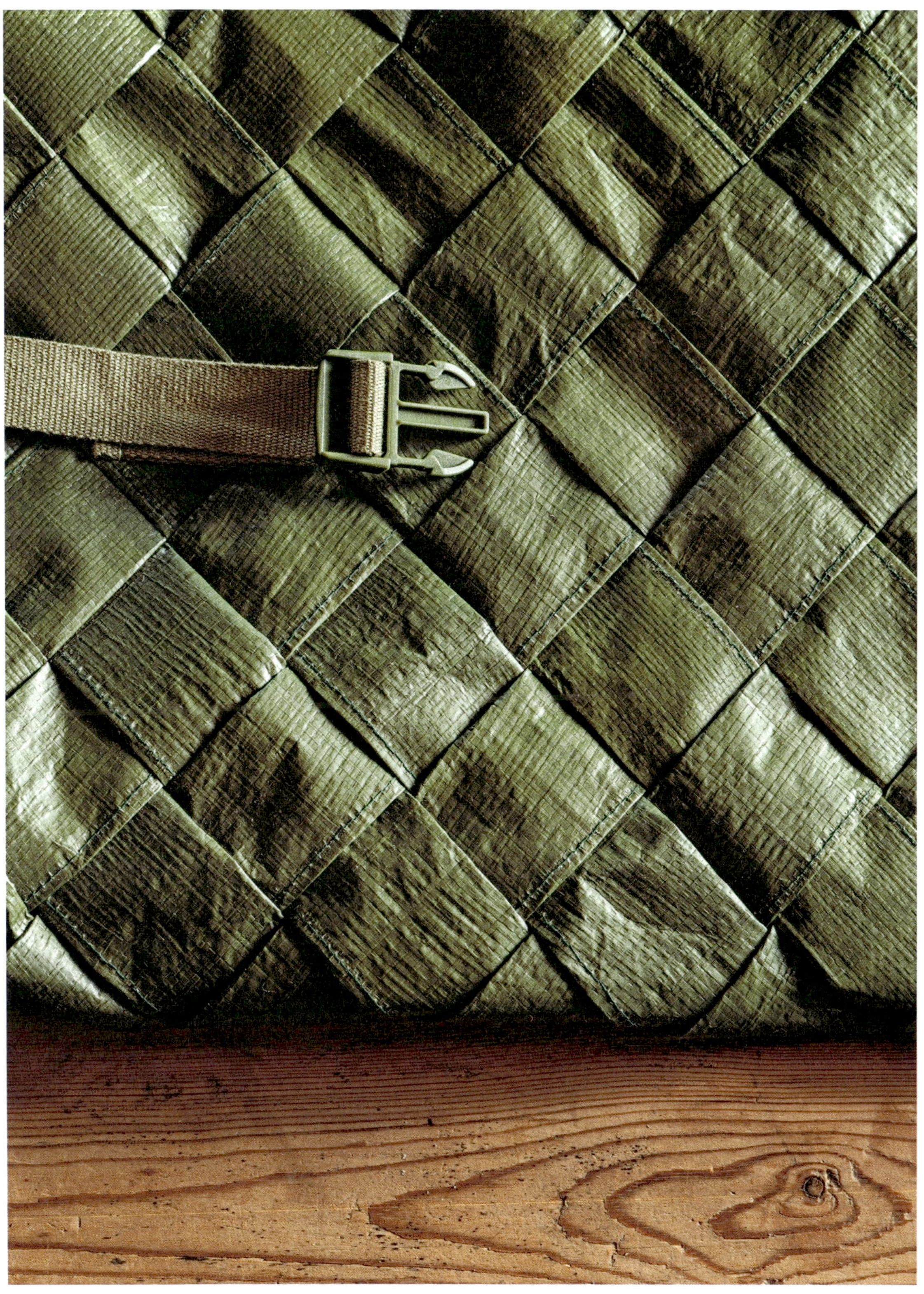

Recyclingmaterial

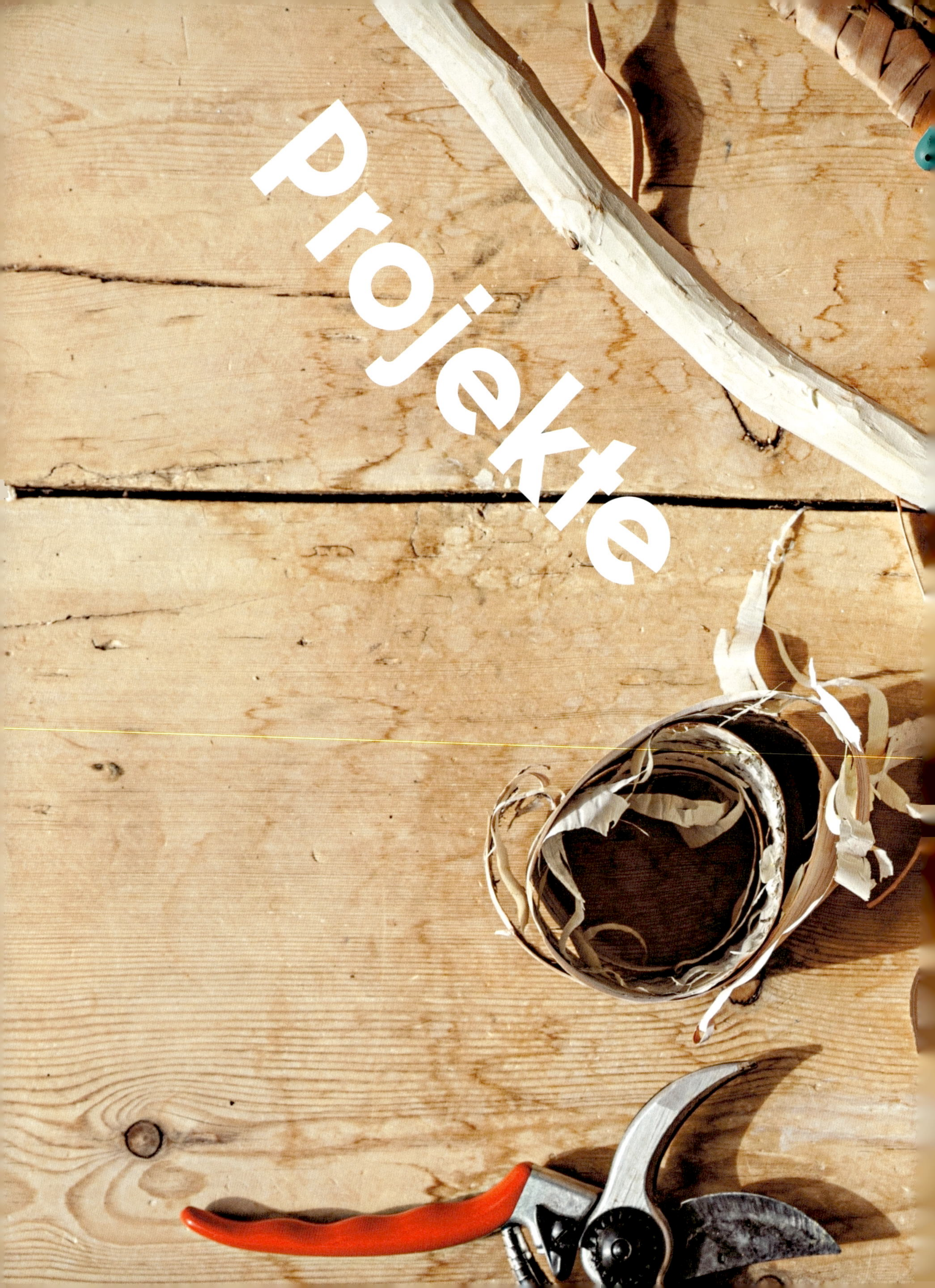

Projekte

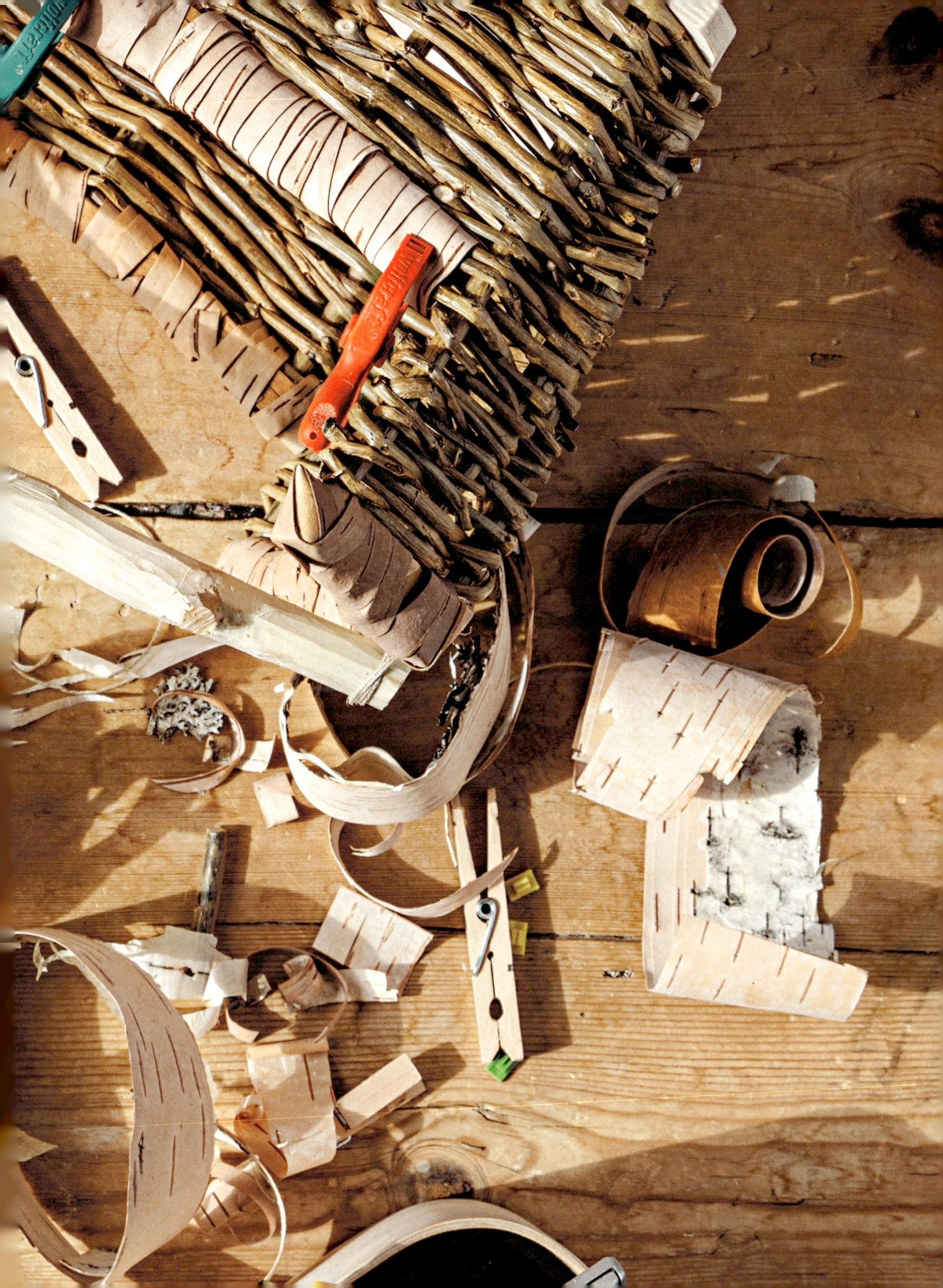

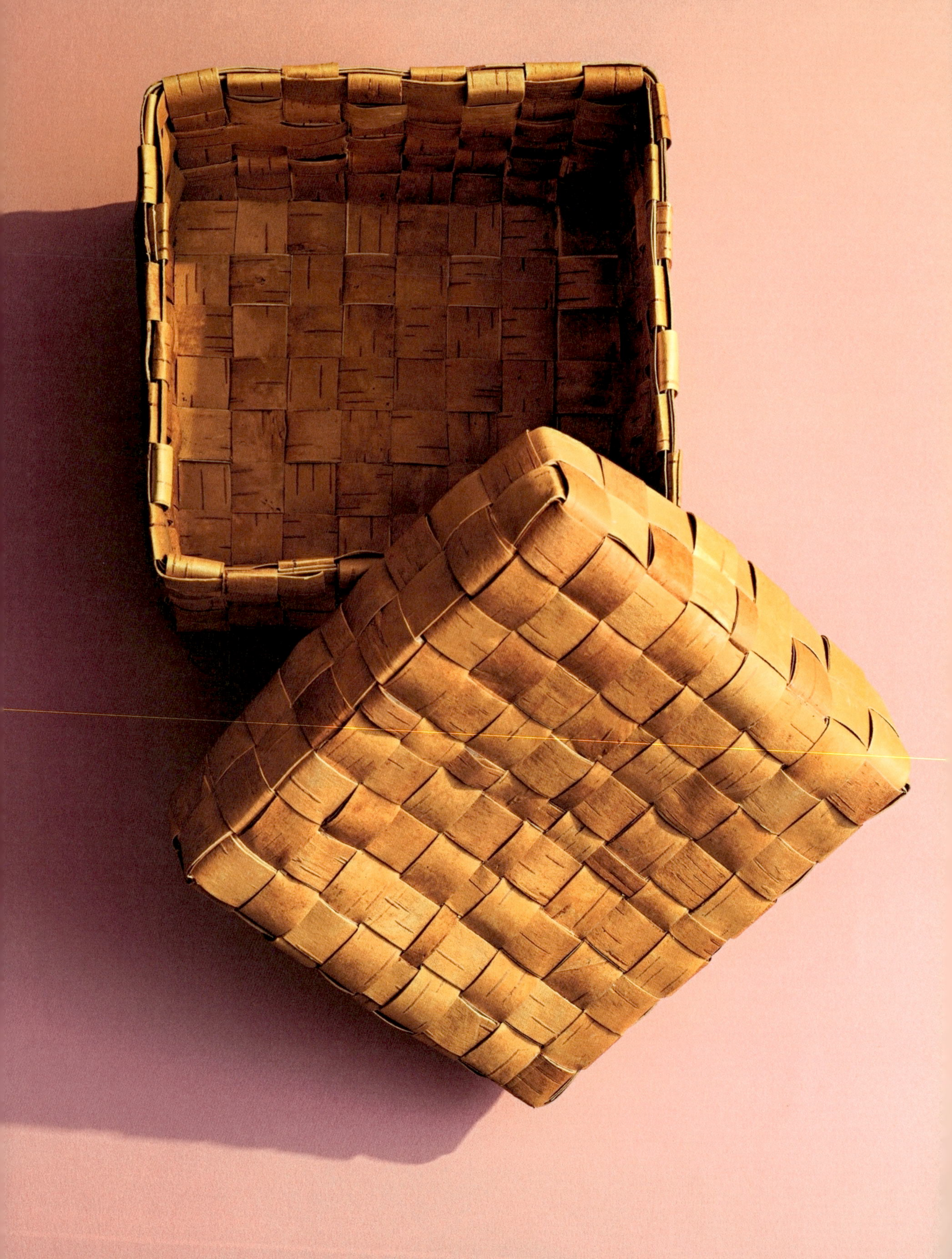

SCHACHTEL MIT DECKEL

KAROGEFLECHT

Diese Box kann man leicht anfertigen und sie eignet sich daher gut als Anfängerprojekt. Durch die Wahl breiterer oder schmalerer Streifen variiert man die Größe der Schachtel. Für dieses Buch wurde sie aus Birkenrinde geflochten, aber du kannst nach Belieben ein anderes Material nutzen, zum Beispiel Karton oder Tapetenreste.

Geflochten werden die Box und ihr Deckel nach demselben Prinzip mit dem einzigen Unterschied, dass für den Deckel zwei zusätzliche Streifen verwendet werden, die nur halb so breit sind wie die übrigen. Auf diese Weise fällt der Deckel etwas größer aus als die Schachtel und passt anschließend perfekt an seinen Platz.

MATERIAL

Schachtel: 50 Streifen, 2 cm x 40 cm,
Deckel: 20 Streifen, 2 cm x 40 cm,
zusätzlich: 4 Streifen, 1 cm x 40 cm

WERKZEUG

Wäscheklammer,
Falzbein,
Schere

SCHACHTEL

1. Nutze die Anweisungen zum geraden Flechten auf Seite 22 als Grundlage. Stell den Boden der Schachtel her, indem du 8 + 8 Streifen miteinander verflechtest. Fixiere das Geflecht an den Ecken mit Wäscheklammern.

2. Jetzt biegst du die herausstehenden Bahnen rechtwinklig nach oben und beginnst mit den Seitenwänden, indem du horizontale Streifen einflechtest. Ich habe hier 6 Runden oder 12 cm hoch geflochten.

3. Wenn deine Schachtel die gewünschte Höhe erreicht hat, schließt du den Korb mit einer geraden Kante, wie auf Seite 22 beschrieben, ab.

4. Benutze nun die zusätzlichen Streifen und arbeite sie dort ein, wo die Bahnen nicht doppelt liegen. Schneide zuletzt alle Streifenenden ab, die aus dem Geflecht herausstehen.

DECKEL

1. Den Deckel stellst du auf die gleiche Weise her wie den Schachtelboden. Doch in der Bodenmitte arbeitest du die beiden schmalen Streifen im rechten Winkel zueinander ein.

2. Nach der Fertigstellung des Deckelbodens klappst du die Enden der Bodenstreifen an den Seiten hoch und arbeitest weitere Streifen bis zur gewünschten Höhe des Deckels ein. Bei mir sind es zwei Runden oder 4 cm.

3. Flechte nun die Kante des Deckels genauso um wie beim Boden. Verwende die zusätzlichen Bahnen, um sie in die Teile des Geflechts einzuarbeiten, an denen die Streifen noch nicht doppelt liegen.

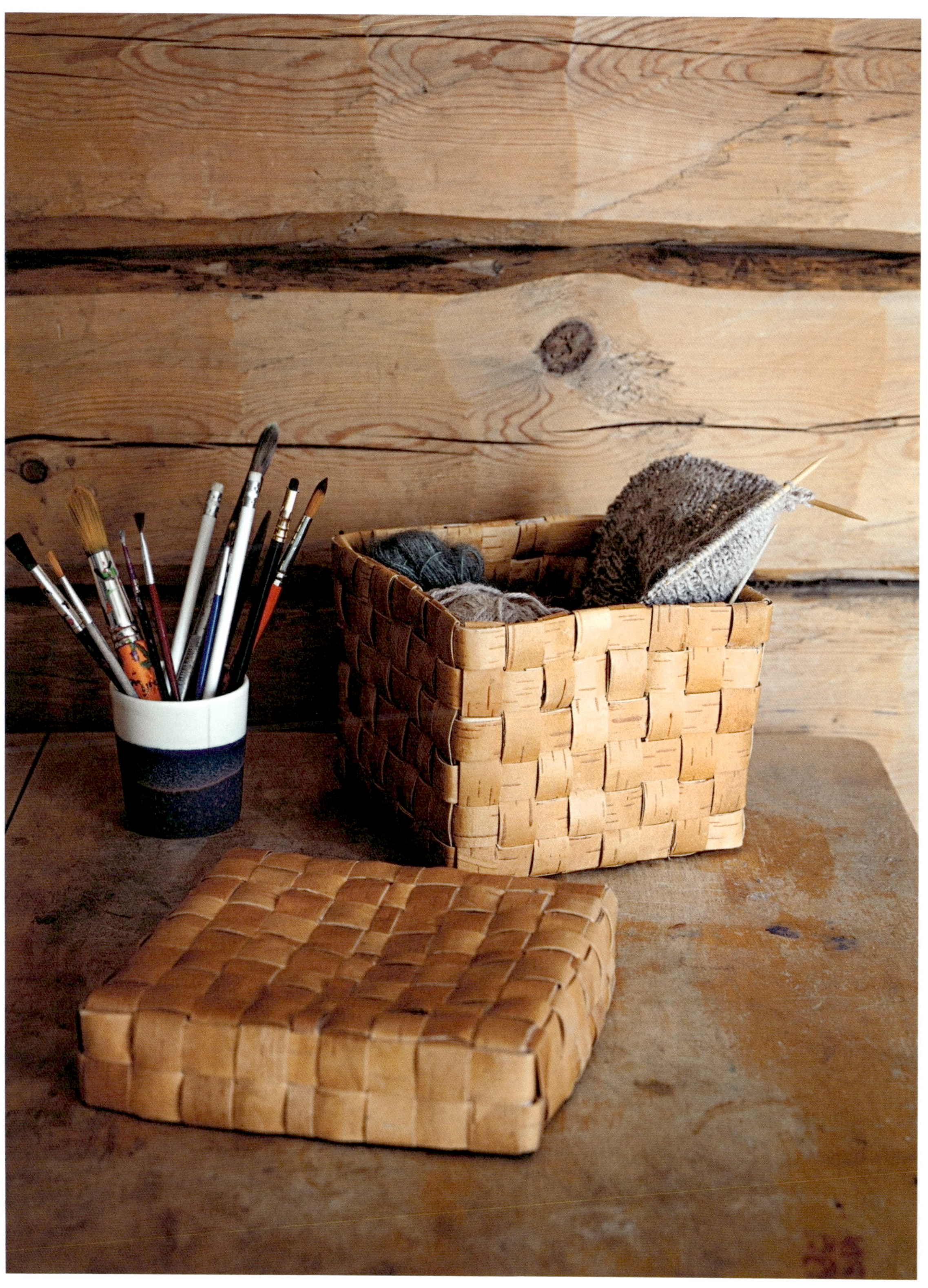

Schachtel mit Deckel

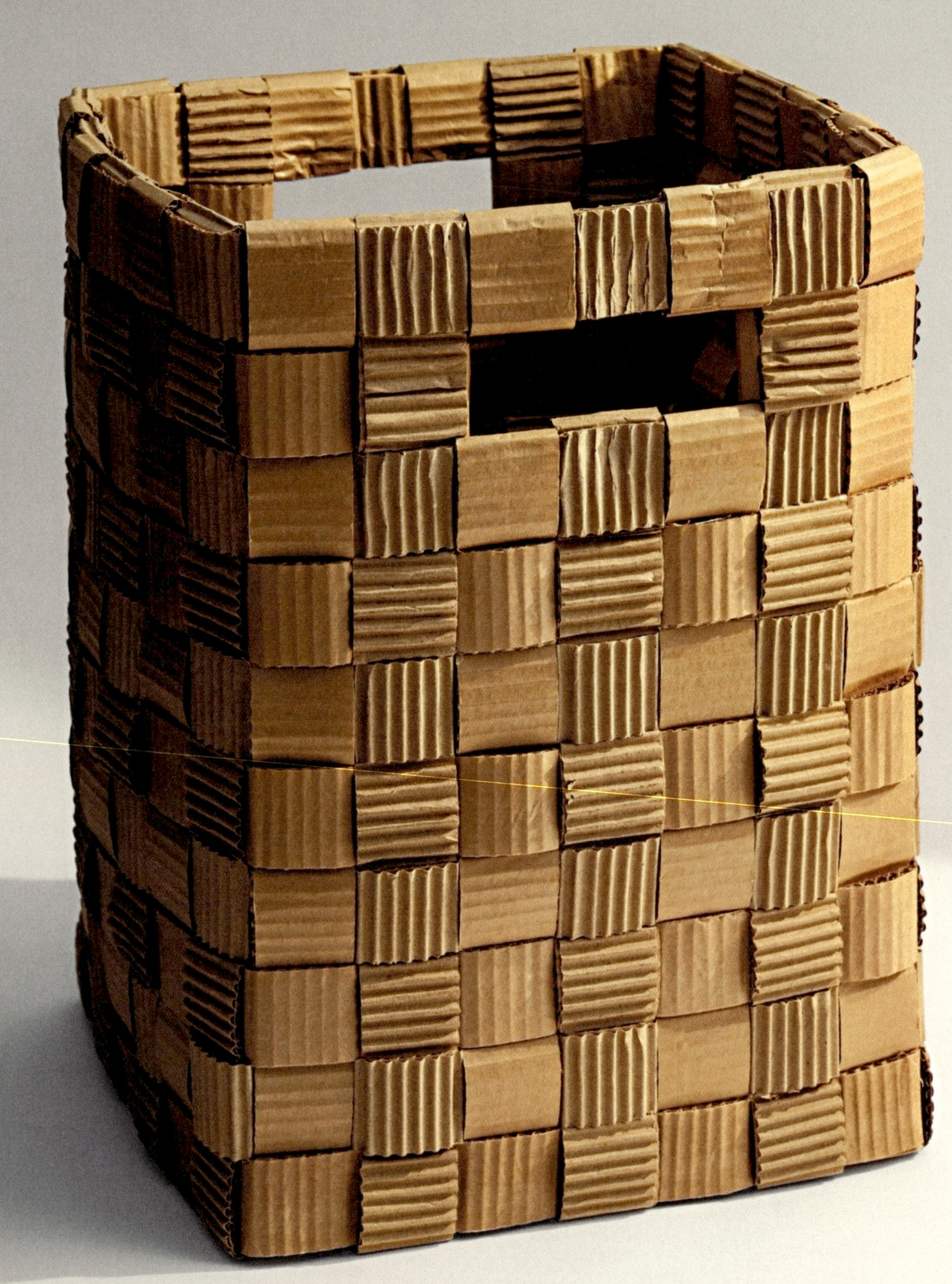

WELLPAPPENKORB

KAROGEFLECHT

Mir gefällt Wellpappe. Ich mag besonders die Anmutung aufgrund der Schatteneffekte zwischen den Wellen. Es ist ein toller Werkstoff, um damit beim Flechten zu experimentieren, wenn man – wie ich – in Muster und Strukturen vernarrt ist. Man kann viele spannende Oberflächen kreieren, wenn das Material überlappt und die Linien kreuz und quer verlaufen. Und für welches Projekt eignet sich Wellpappe wohl besser als für einen Papierkorb oder eine Aufbewahrungsbox für Papier? Es wird mit doppellagigem Material geflochten und für zusätzliche Stabilität ein Kartonstreifen in die Oberkante eingearbeitet.

MATERIAL

14 Streifen Wellpappe, 5 cm × 140 cm,
1 Streifen Karton, 5 cm × 140 cm

WERKZEUG

Lineal,
Cutter oder Schere,
Wäscheklammern,
Leim

1. Gemäß den Anweisungen für gerades Flechten auf Seite 22 zunächst 7 + 7 Streifen auslegen. Ich habe die unterschiedliche Struktur der Wellpappe genutzt, um beim Flechten ein Muster zu erhalten. Dafür habe ich die Streifen abwechselnd mit der Rück- und der Vorderseite nach oben ausgelegt. Die Streifen für den Boden nach der Grundanleitung verflechten und an den Ecken mit Wäscheklammern fixieren.

2. Die hinausstehenden Bahnen gerade nach oben biegen und für die Seitenwände Streifen horizontal einflechten. Bei mir sind es bis zu den Griffen 8 Runden oder 40 cm.

3. Wenn das Geflecht die gewünschte Höhe erreicht hat, wird der Handgriff geflochten, und zwar in der Mitte von zwei gegenüberliegenden Korbwänden. Flechte aus den 3 mittleren Streifen erst der einen und dann der anderen Seite eine gerade Kante (siehe Seite 22). Danach mit den restlichen Streifen den Korb noch um zwei Runden erhöhen. Die neuen horizontalen Streifen beginnen dort, wo die Aussparungen für die Griffe angelegt wurden.

4. Den oberen Rand ebenfalls als gerade Kante flechten. Damit er besonders stabil wird, beim Flechten einen Kartonstreifen um die gesamte Oberkante zwischen den Wellpappenstreifen einlegen und einarbeiten.

5. Über den Griffen befinden sich keine vertikalen Bahnen, weshalb dort zusätzliche Bahnen eingeflochten werden. Da das Geflecht hier nur einen Streifen hoch ist, werden die Streifen für mehr Stabilität am Karton festgeklebt.

6. Jetzt musst du nur noch die überstehenden Streifen an den Griffen einfädeln. Klappe sie um, schiebe sie seitlich in das Geflecht und befestige sie mit etwas Leim.

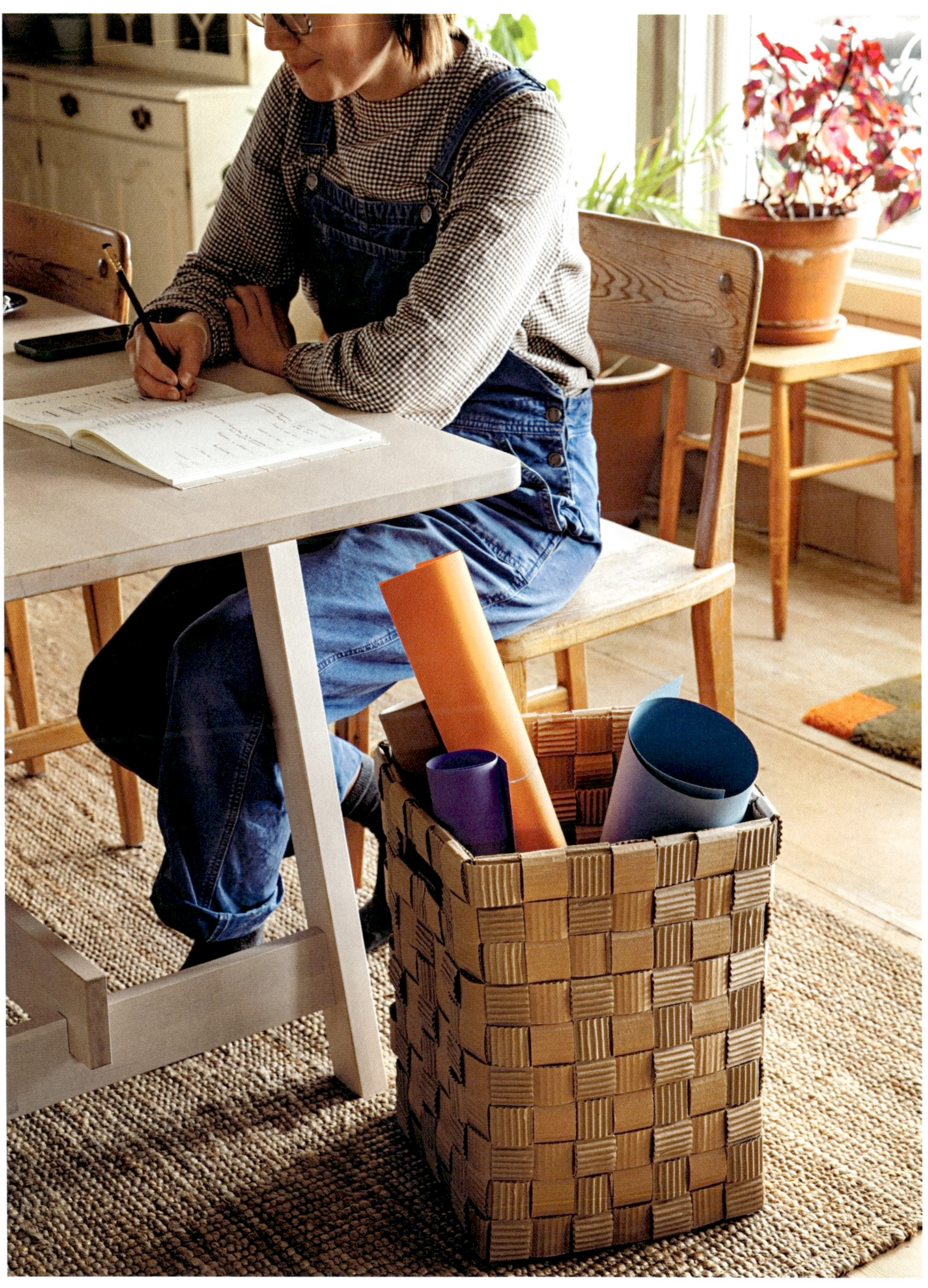

Wellpappenkorb

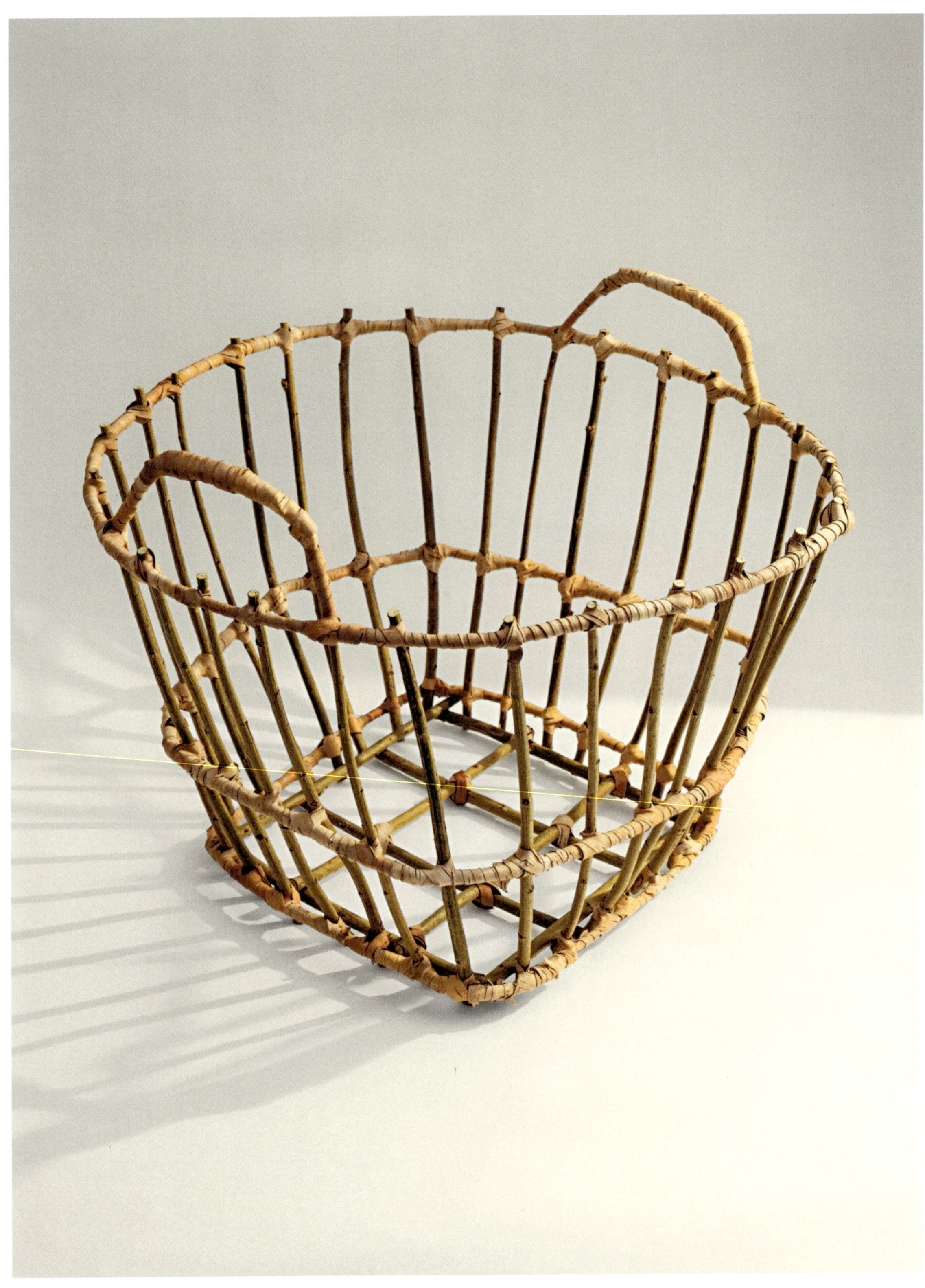

PSEUDO-FLECHTKORB

SCHUMMELFLECHTEN

Manchmal möchte man ein bisschen tricksen und einen Korb bauen, der geflochten aussieht, es aber eigentlich nicht ist. Eben einen Pseudoflechtkorb. Für dieses Projekt braucht man kein perfektes Flechtmaterial, biegsame Ruten von Weide, Lärche, Buche oder Kiefer aus deiner Umgebung reichen aus. Ich habe für meinen Behälter Weide verwendet. Wichtig ist, dass deine Äste alle ungefähr gleich dick und ziemlich lang sind. Der Korb wird mit Reißzwecken zusammengefügt und dann mit gekochtem Birkenrindenband umwickelt.

MATERIAL

Boden: 8 Ruten, 32 cm,
senkrecht: 28 Staken, ca. 50–60 cm,
waagerecht: 3 Ruten, ca. 120 cm,
Reißzwecken,
gekochte Birkenrindenstreifen

WERKZEUG

Gartenschere,
Bastelmesser,
Hammer,
Holzleim,
Schnüre

1. Man beginnt mit dem Korbboden. Dafür 8 gerade und gleich dicke Ruten von 32 cm Länge zuschneiden. Vier Ruten im Abstand von ca. 8 cm platzieren und die restlichen 4 im rechten Winkel und in gleicher Entfernung darüberlegen, damit ein quadratisches Gitter entsteht. Alles mit Reißzwecken zusammenpinnen.

2. Jetzt werden pro Seite 7 Staken an ihrem dickeren Ende mithilfe von Reißzwecken am Boden befestigt. Die festgepinnten Zweigenden mit einer Schnur zusammenbinden, damit sie beim weiteren Arbeiten die Form behalten.

3. Im Anschluss bringst du die waagerechten Ruten an. Pinne sie von unten beginnend an der Außenseite der senkrechten Staken fest. Beide Rutenenden schräg abschneiden, damit sie dort, wo sie aufeinanderstoßen, glatt übereinanderliegen. Dabei auf einer Seite beginnen und ein Ende der untersten Rute an einer Stake befestigen. Die Rute einmal rund um die Korbform legen, anpinnen und zum Schluss die abgeschrägten Enden übereinander befestigen.

4. Auf gleiche Weise mit den beiden anderen Ruten verfahren. Befestige sie in einem Abstand von ca. 15 cm. Dabei kannst du durch das Ausrichten der Staken die Korbform festlegen. Wenn du sie voneinander weglaufen lässt, wird der Korb nach oben hin weiter.

5. Nun sind alle Staken und Ruten verarbeitet und der Rahmen des Korbes steht. Im nächsten Schritt umwickelst du die waagrechten Ruten mit gekochten Birkenrindenstreifen, um den Korb zu verstärken und die Reißzwecken zu verbergen. Rund um die Ruten wickeln und dort, wo sie auf die senkrechten Staken treffen, über Kreuz binden.

6. Jetzt zu den Griffen: An einer Seite Staken Nr. 2 und Nr. 6 aufeinander zu biegen und in einem Bogen zusammenführen. Einen Griff passender Größe formen und mit einer Schnur zusammenbinden. Den Vorgang auf der gegenüberliegenden Seite des Korbs wiederholen. Danach auch die Griffe mit gekochten Birkenrindenstreifen umwickeln.

7. Zum Schluss die restlichen senkrechten Staken an der Oberkante des Korbs kappen.

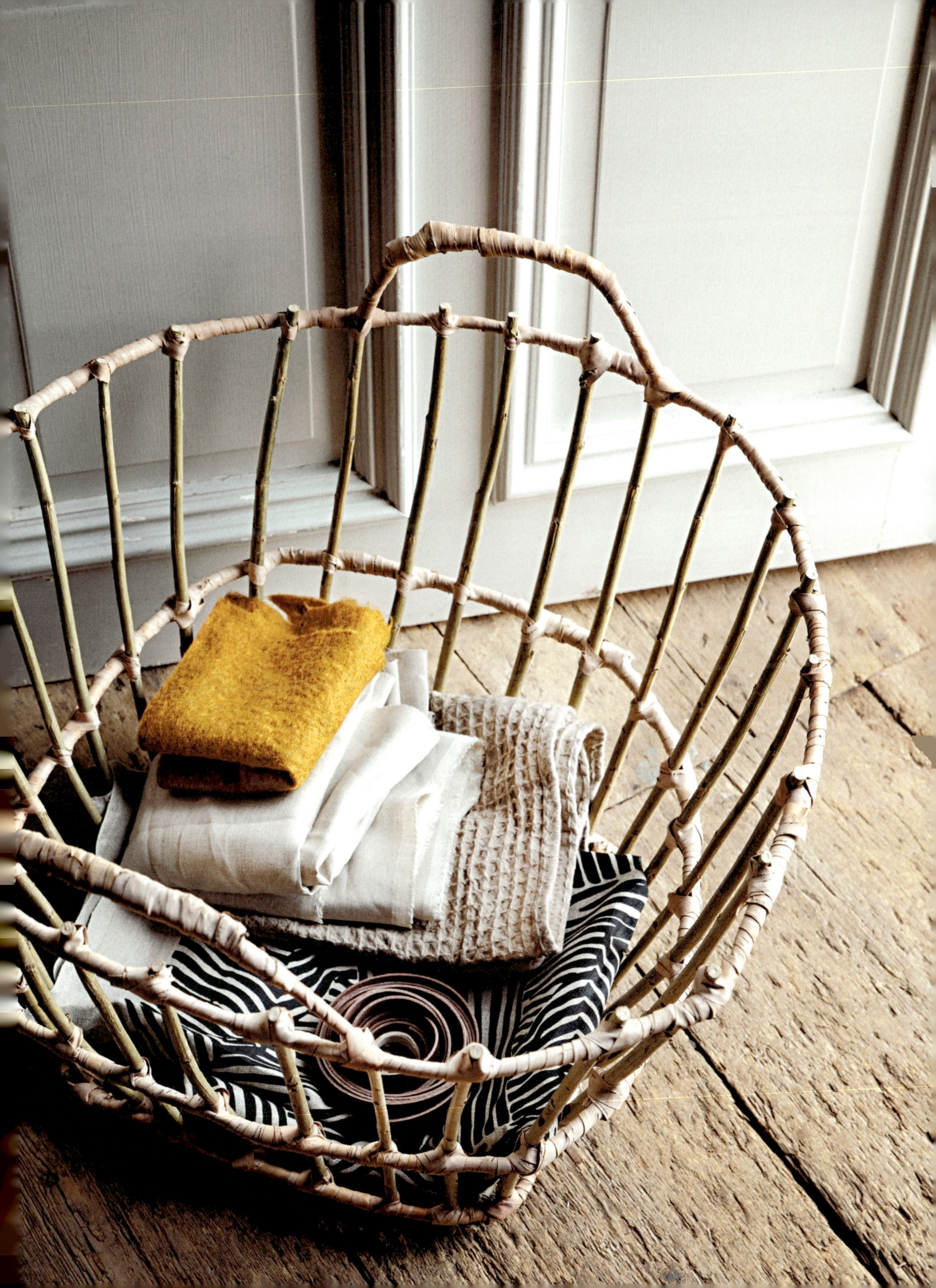

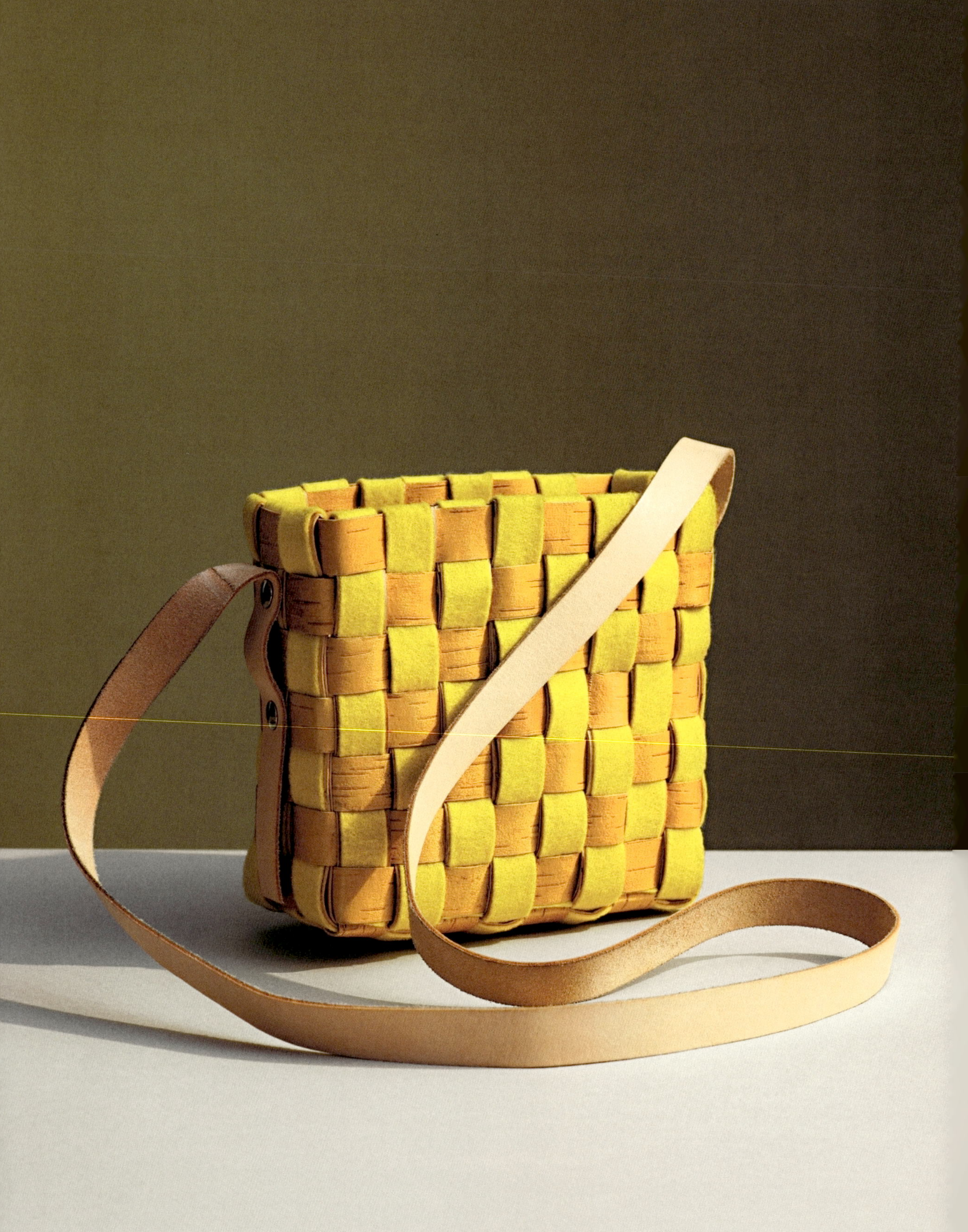

KAROTASCHE

KAROGEFLECHT

Diese im Grunde einfache Birkenrindentasche verdankt ihr modernes Aussehen dem Karomuster aus gelbem Wollfilz. Man kann die Karobindung des Geflechts auf interessante Weise variieren, indem man Streifen in zwei oder mehr Farben benutzt. So können ein regelmäßiges Schachbrettmuster oder unterschiedliche Blockmuster mit Quer- und Diagonalstreifen entstehen. Probiere es aus und mische beim Verkreuzen Material und Farben nach deinem Geschmack oder nach dem, was gerade verfügbar ist.

MATERIAL

ca. 25 Streifen Birkenrinde, 2 cm × 50 cm (aneinandergesetzt, wenn deine Stücke nicht lange genug sind),
11 Streifen Wollfilz, 2 cm × 60 cm,
1 Lederstreifen oder anderes Band, 2 cm × 140 cm,
4 Schraubnieten

WERKZEUG

Lineal,
Cutter oder Schere,
Wäscheklammern,
Ahle,
Lochzange

1. Zunächst gemäß den Anweisungen für gerades Flechten auf Seite 22 3 + 8 Streifen Birkenrinde auslegen. Den Boden der Tasche flechten und die Ecken mit Wäscheklammern fixieren.

2. Die herausstehenden Bahnen gerade nach oben biegen und die Seitenwände bis zur gewünschten Höhe flechten. Bei mir sind es 7 Runden oder 14 cm.

3. Im Anschluss die vertikalen Staken für eine gerade Kante den Angaben auf Seite 22 folgend nach unten biegen. Die Streifen so weit wie möglich zurück nach unten in die Seitenwände flechten.

4. Damit ist die Grundlage für die Tasche gelegt, und es geht ans Muster. Es entsteht durch neue Birkenrindenstreifen und Wollstreifen, die als Ruten in die Taschenwände eingeflochten werden. Ich habe die Bahnen in einem Schachbrettmuster angeordnet, bei dem die Birkenrindenstreifen die Ruten und der Wollfilz die Staken abgeben, aber man kann sie auch in Bahnen, Blöcken oder schrägen Streifen flechten.

5. Sind alle Streifen für das Muster eingeflochten, mit einer Ahle seitlich Löcher für den Trageriemen bohren. Ich habe sie an der kurzen Seite in Karo Nr. 2 und Nr. 4 ab der Kante gestanzt. Durchbohre den Trageriemen im passenden Abstand mit einer Lochzange. Falls du dieses Werkzeug nicht besitzt, erfüllen auch Schnitte mit einem Messer den Zweck. Den Träger mit Schraubnieten befestigen.

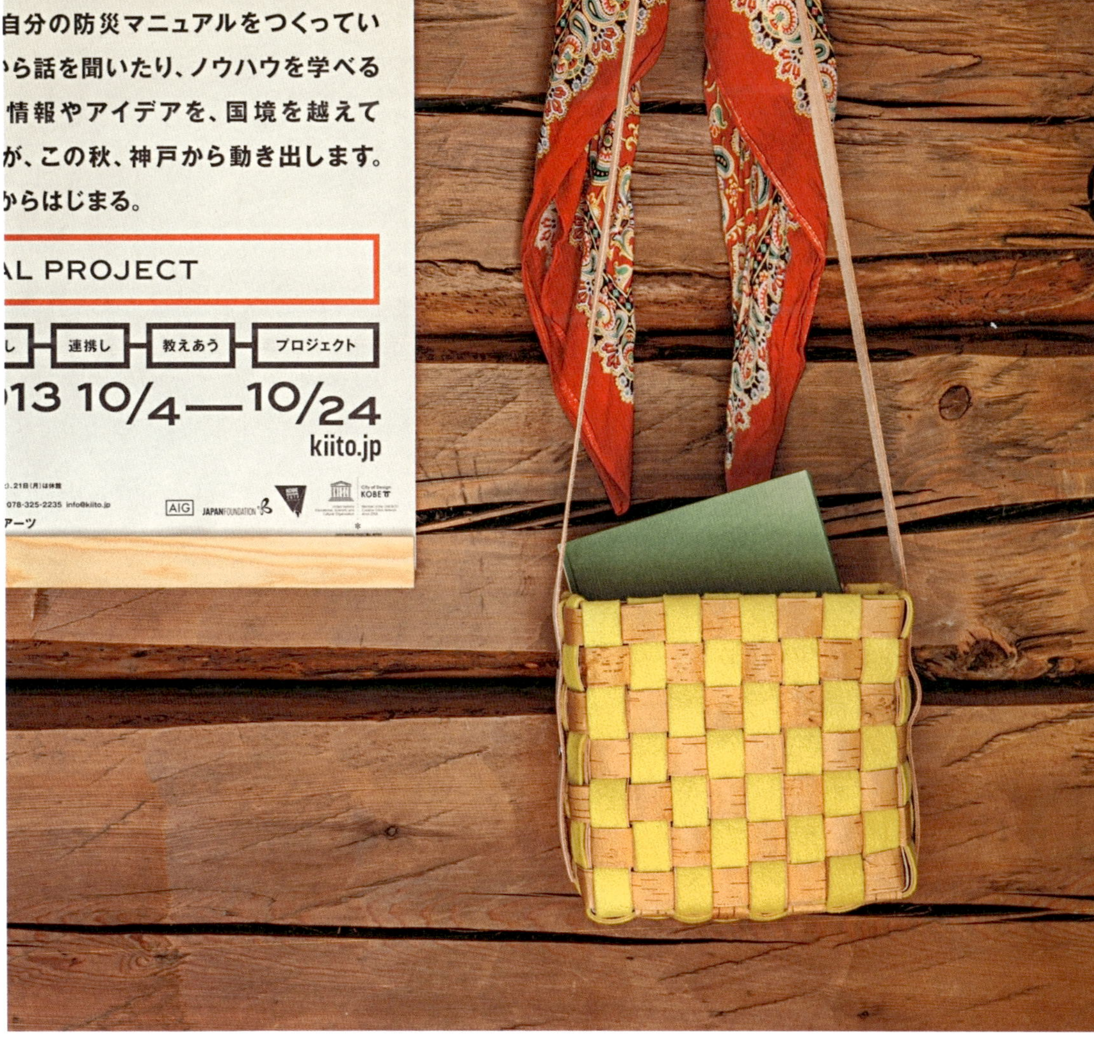

CT展
ら目をそむけずに、希望をもって、
ARTH MANUAL PROJECT」
集め、未来に活かすプロジェクト。そ
築家やデザイナー、アーティストた
リ組む姿勢、ピュアな想いを、もっと
の一歩が「EARTH MANUAL
はじめ、インドネシア、タイ、フィリピ
ティあふれる防災活動を紹介。それ
自分の防災マニュアルをつくってい
から話を聞いたり、ノウハウを学べる
情報やアイデアを、国境を越えて
が、この秋、神戸から動き出します。
からはじまる。
AL PROJECT
連携し
教えあう
プロジェクト
013 10/4—10/24
kiito.jp

Karotasche

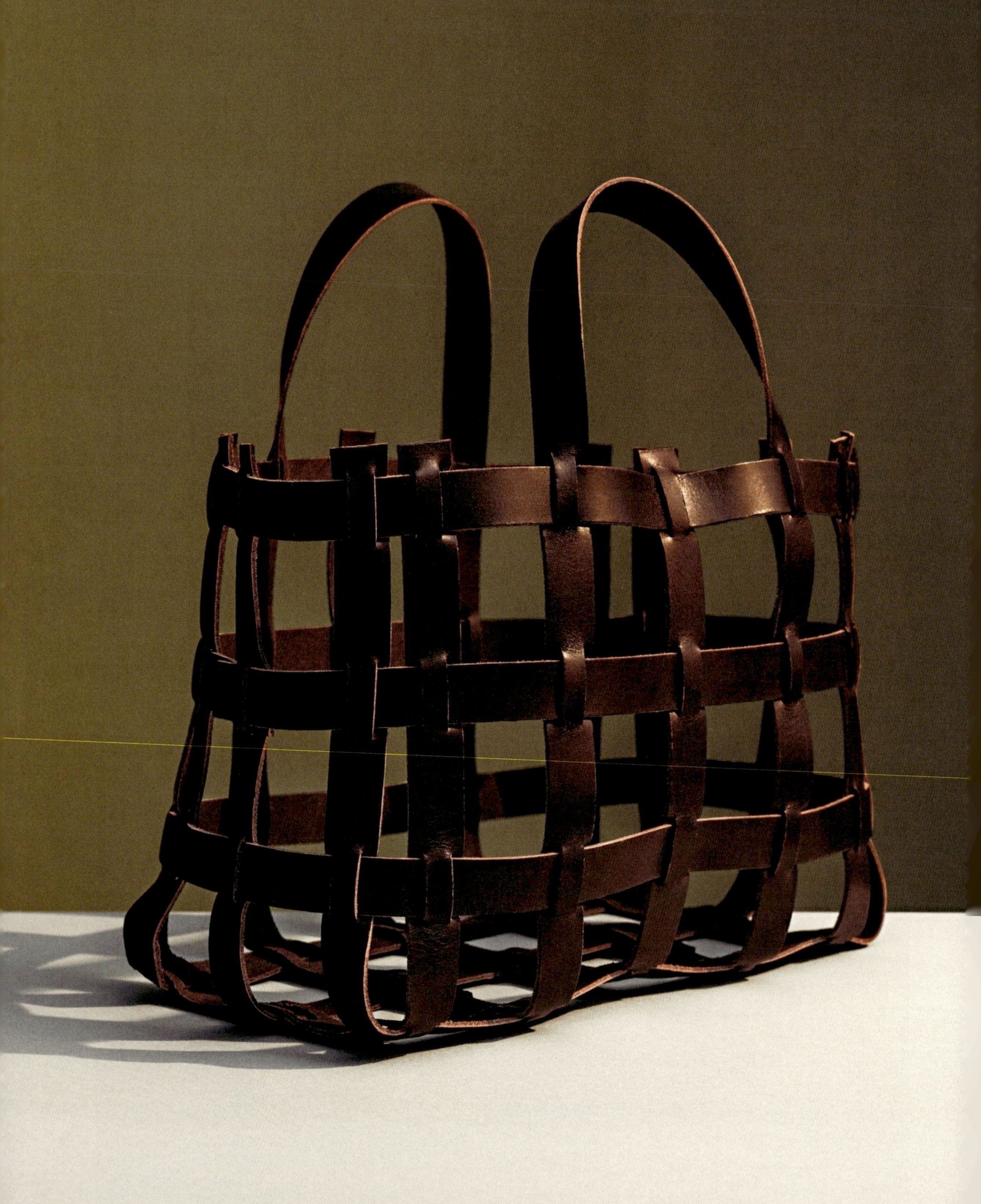

LEDERTASCHE

KAROGEFLECHT

Dieses Projekt basiert auf geradem Flechten, doch statt die Streifen über- und untereinander zu flechten, schneidet man dort, wo sie einander kreuzen, das Leder ein und fädelt sie durch die Schnitte. Auf diese Weise ist eine luftige, geflochtene Struktur rasch aufgebaut, die man, wie sie ist, nutzen oder mit einem Futter ausschlagen kann. In diesem Projekt werden pflanzlich gegerbte Lederstreifen verwendet. Falls du nicht mit Leder arbeiten möchtest, erfüllt auch Textilband den Zweck. Allerdings muss dieses zusammengenäht werden und kann nicht durchgezogen werden.

MATERIAL

Lederstreifen, 2 cm breit:
A: 2 Streifen, 84 cm,
B: 3 Streifen, 54 cm,
C: 3 Streifen, 74 cm,
D: 3 Streifen, 90 cm

WERKZEUG

Skalpell oder Cutter,
Lineal,
Schere

1. Zuerst kürzt du die Lederstreifen auf die richtige Länge und schneidest sie den Zeichnungen gemäß ein. Die Schnitte sind 2,2 cm lang und erfolgen in einem Abstand von 4 cm.

2. A-und B-Streifen wie in der Illustration mit ca. 4 cm Zwischenraum anlegen.

3. Im nächsten Schritt fädelst du die C-Streifen durch die A- und B-Streifen. Zunächst den ersten C-Streifen durch den mittleren Schnitt ziehen, danach die zwei anderen zu beiden Seiten.

4. Damit ist der Taschenboden fertig. Die herausstehenden Streifen ergeben zusammen mit den D-Streifen, die jetzt waagrecht eingezogen werden, die Seitenwände. An der kurzen Seite beginnen und den ersten D-Streifen in den untersten Schnitt des C-Streifens einfädeln. Das Lederband weiter durch Streifen A und B ziehen und ganz herum arbeiten, bis die Enden aufeinandertreffen. Alles so richten, dass die Form gut wirkt und die Streifen A, B und C einen gleichmäßigen Abstand haben.

5. Die letzten zwei D-Streifen genauso einfädeln. Die Form so ausrichten, dass die Streifen einen gleichmäßigen Abstand haben und die Tasche rechteckig ist. Zum Schluss kannst du die Streifenenden mit einer Niete oder einem Tropfen Lederklebstoff miteinander verbinden.

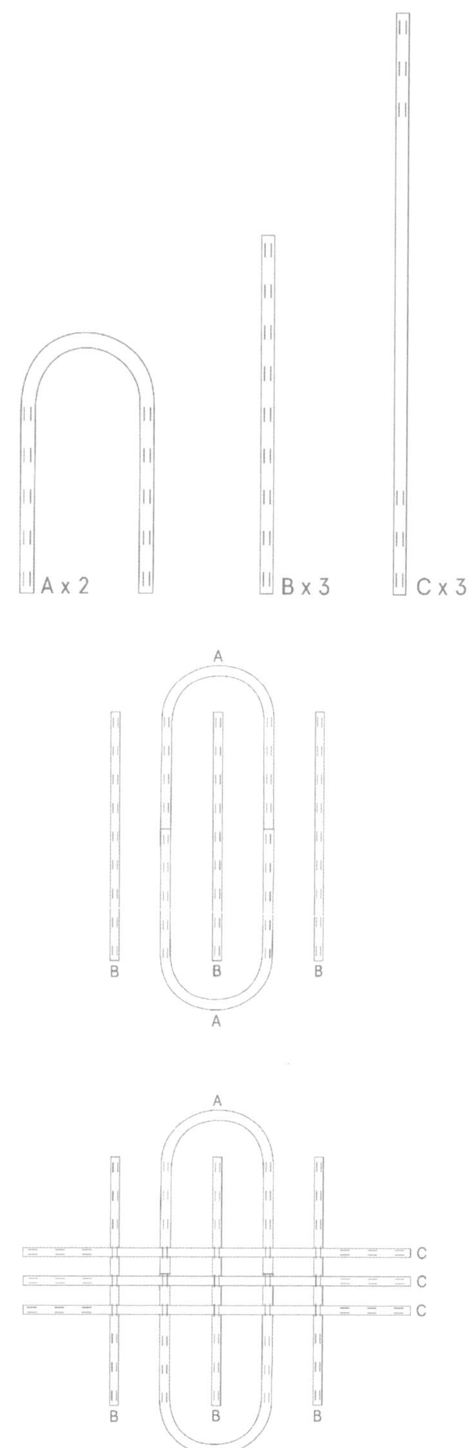

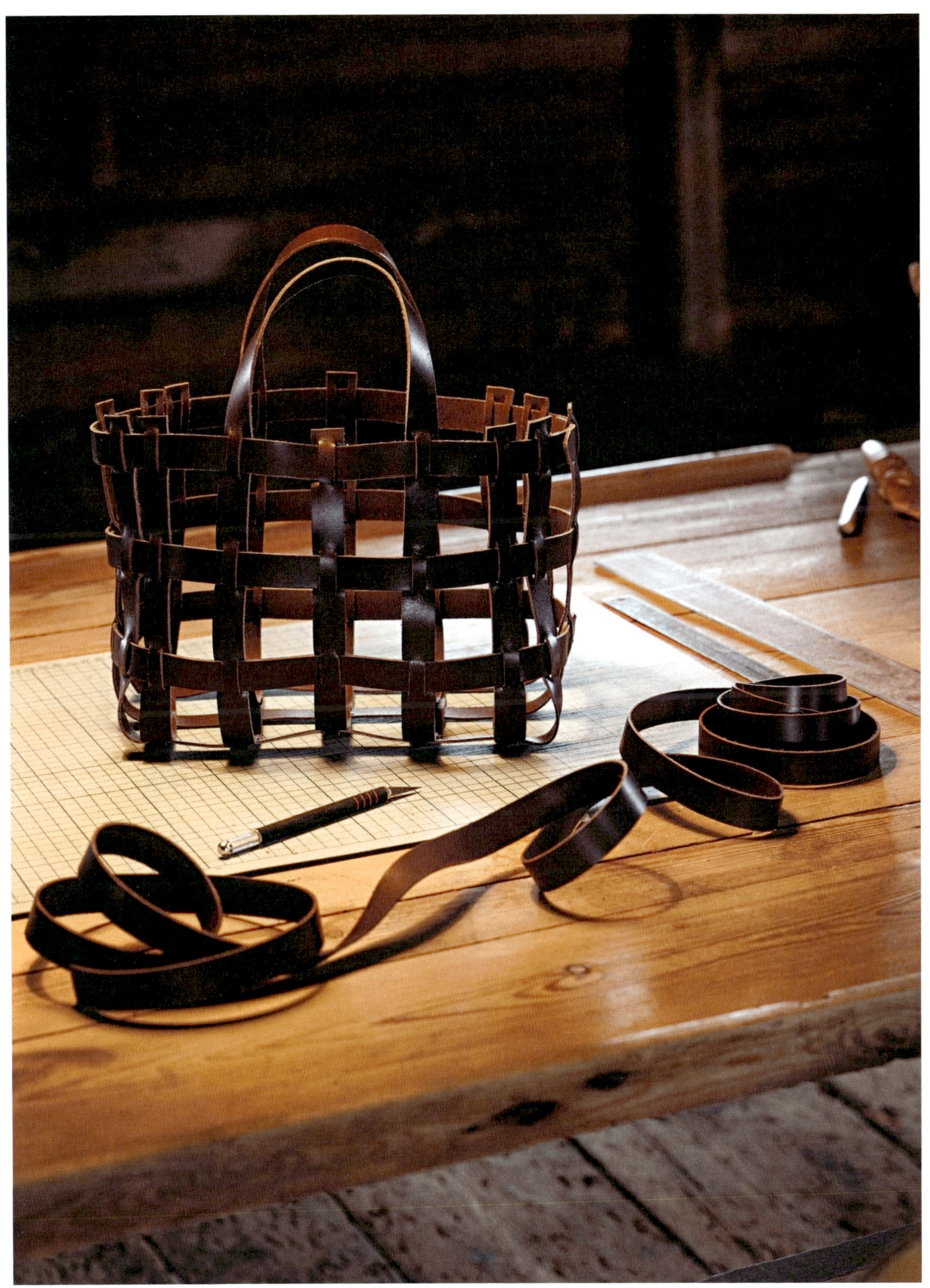

Ledertasche

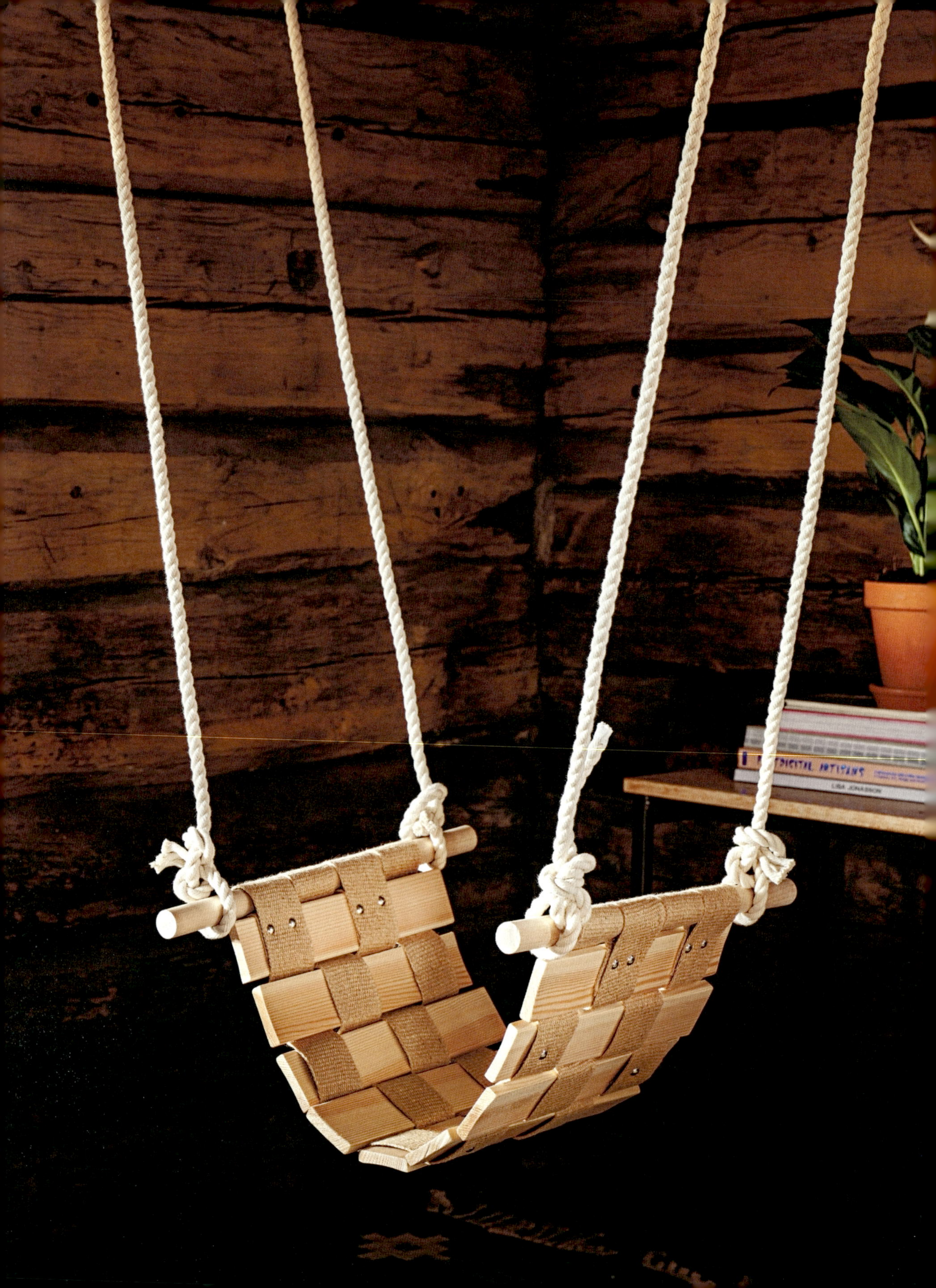
DIGITAL ARTISANS
LISA JONASSON

SCHAUKEL

KAROGEFLECHT

Attraktiv ist Flechten auch deshalb, weil man damit viel mehr Dinge anfertigen kann als nur Körbe und Taschen. Wenn man sich nicht auf einen speziellen Werkstoff versteift, sondern etwa hartes Material mit weichem mischt, dann bietet die Technik enorm viele Variationsmöglichkeiten. Aus ein paar Holzlatten, Gurten und einigen Nägeln kann man zum Beispiel eine Schaukel flechten. Durch die beiden unterschiedlichen Materialien wird die Schaukel sowohl stabil als auch flexibel und passt sich beim Sitzen an den Körper an.

MATERIAL

9 Latten aus gehobeltem Holz,
43 mm × 21 mm, Länge 31 cm,
4 Streifen Gurt, 6 cm × 90 cm,
2 Rundholzstäbe, 45 cm lang, ø 2 cm,
Polsternägel,
Holzleim,
Seil

WERKZEUG

Säge,
Schere,
Hammer,
Schleifpapier

1. Als Erstes breitest du die 9 Holzlatten auf einem Tisch parallel zueinander aus. Den ersten Gurt ca. 2 cm von der oberen Kante entfernt anlegen und abwechselnd über und unter den Holzlatten hindurchführen. Auf beiden Seiten sollten ca. 18 cm Gurt herausstehen. Mit den weiteren 3 Gurtstreifen ebenso verfahren.

2. Damit die Latten glatt und gleichmäßig liegen und sich nicht zu viel bewegen, wird der Gurt mit Nägeln und etwas Holzleim befestigt. Achte darauf, dass die Brettchen so eng wie möglich und im gleichen Abstand liegen. Befestige zuerst den obersten Streifen mit Leim und Nägeln am Holz. Arbeite dich nach unten und verfahre mit den übrigen 3 Bahnen genauso. Folge der Illustration, damit du siehst, welche Streifen am Holz festgenagelt werden sollen. Die äußersten Latten auf beiden Seiten werden zunächst übersprungen und im nächsten Schritt befestigt.

3. Sind die inneren Latten befestigt, müssen alle Endstreifen umgeschlagen werden, damit sie einen Tunnel bilden, durch den die Rundstäbe geführt werden. Nutze den Rundstab als Schablone, um festzulegen, wie weit du die Enden der Streifen umklappen musst. Schlage die Gurtenden um und platziere sie zwischen Holzlatte und Gurtstreifen. Die Enden befinden sich nun abwechselnd auf der Vorder- und Rückseite der Schaukel. Mit etwas Leim und zwei Nägeln befestigen.

4. Die Rundstäbe einziehen, das Seil festknoten und die Schaukel aufhängen.

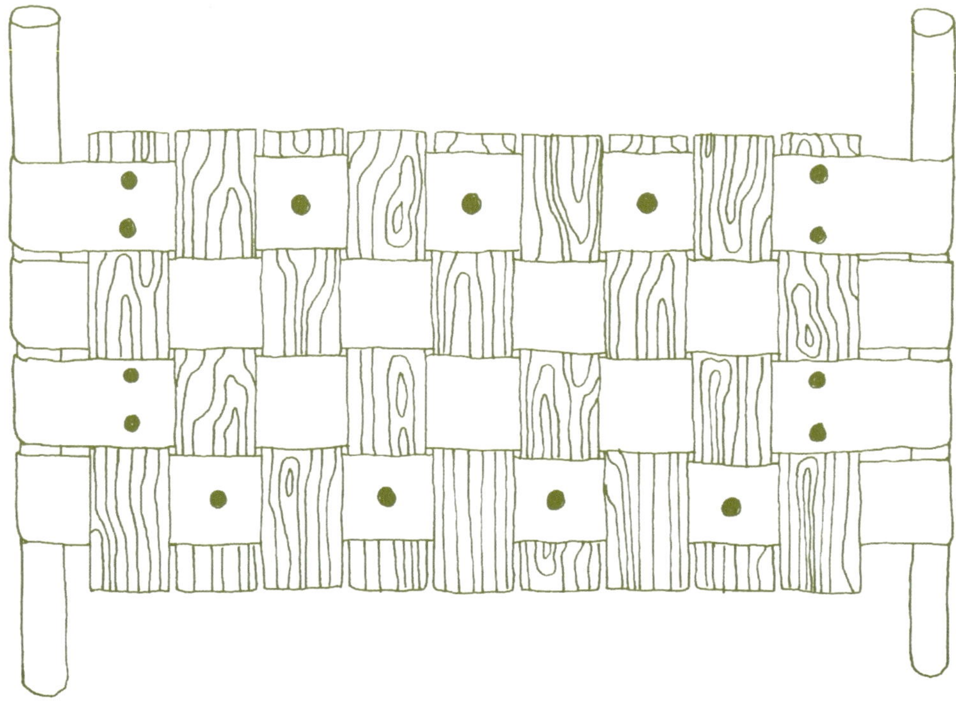

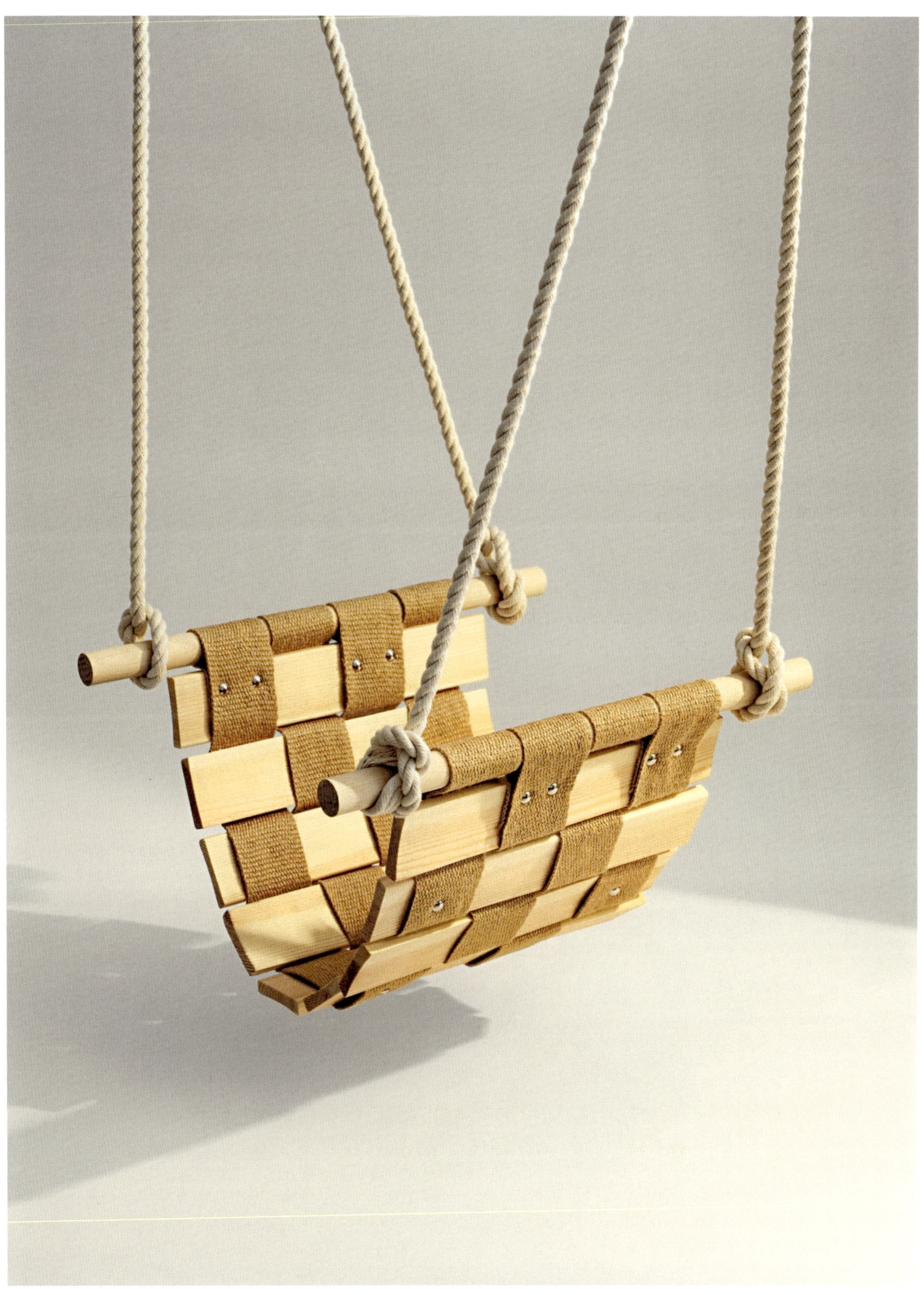

Schaukel

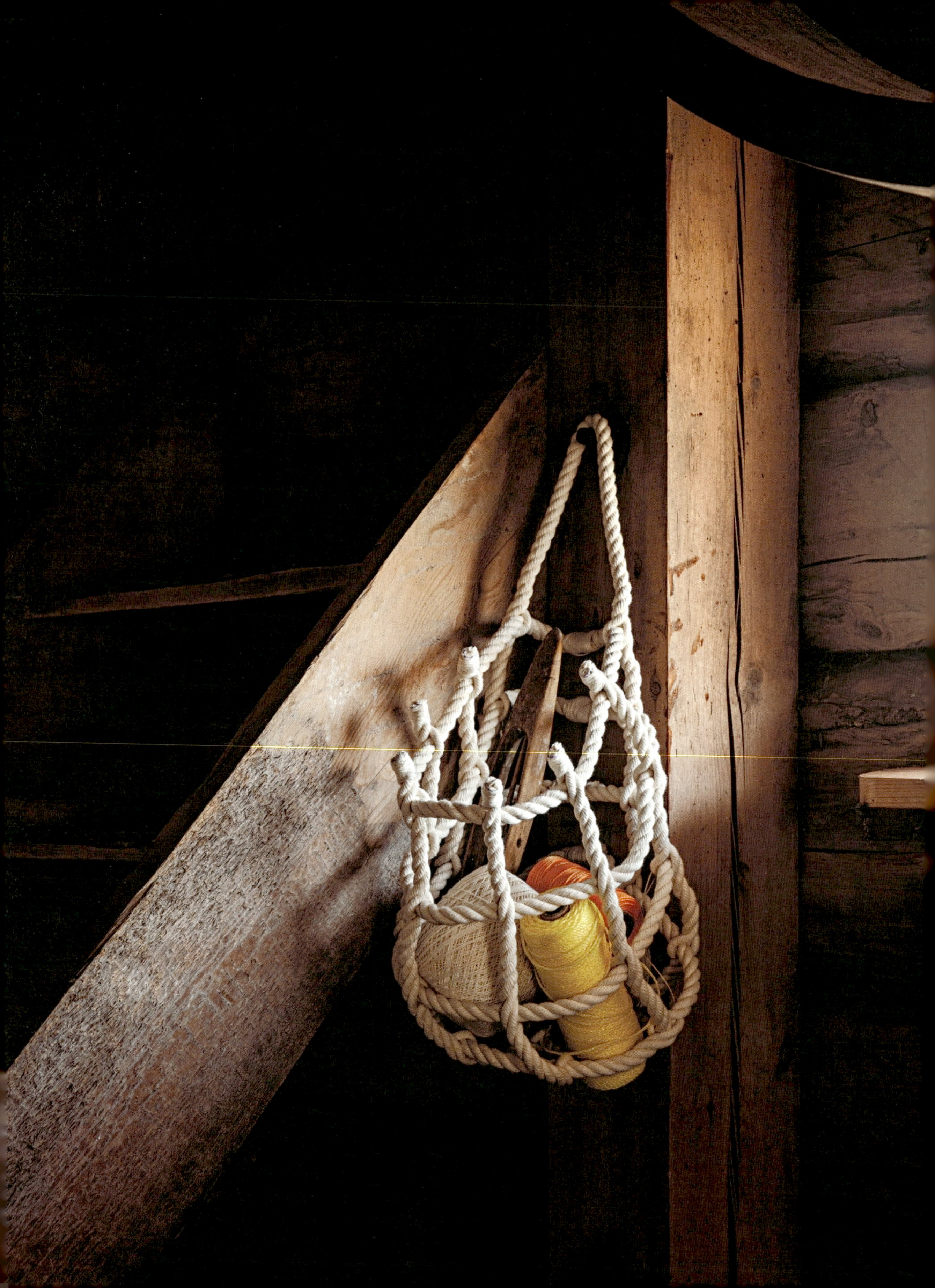

HÄNGEKORB AUS SEILEN

KAROGEFLECHT

Dieses Projekt ist vom Karogeflecht inspiriert, nutzt dabei aber die Struktur des Seils. In der Seilerei verspinnen Seiler Fasern zunächst zu Kabelgarn und drehen im Anschluss ein Bündel von mindestens zwei (aber oft mehr als hundert) Garnen zu einem sogenannten Kardeel. Zwei oder mehr, in der Regel drei Kardeele schlagen sie schließlich zu einem Seil zusammen. Das Zusammenführen erfolgt in entgegengesetzter Richtung zur Verdrehung der Kardeele, damit sich die Kräfte ausgleichen. Beim Flechten des hier vorgeschlagenen Korbes fädelst du die Seile ineinander, indem du die Kardeele trennst, fast so, als würdest du durch das Seil nähen. Im Folgenden erkläre ich, wie du mit diesem Verfahren einen Hängekorb herstellen kannst. Die Technik eignet sich aber auch für eine Tasche.

MATERIAL

Seil, ø 1 cm:
A: 1 Seil, 180 cm,
B: 2 Seile, 70 cm,
C: 4 Seile, 80 cm,
starker Baumwollfaden

WERKZEUG

Schere

1. Zunächst das längste Seil, Seil A, wie auf der Zeichnung überkreuz auslegen, damit eine Schlaufe entsteht. Dann die Kardeele an der Stelle aufdrehen, an der sich die Seile kreuzen und ein Seilende hindurchfädeln.

2. Jetzt die beiden B-Seile mit 7 cm Abstand vom Kreuzungspunkt genauso durch Seil A fädeln.

3. Das erste C-Seil in einem Kreis um die Raute legen, die die anderen Seile gebildet haben, und auf dieselbe Weise einfädeln. Nun die Enden der Seile A und B nach oben biegen und die übrigen 3 C-Seile im Abstand von je 7 cm, ebenso wie das erste C-Seil, einfädeln, sodass ein Korb entsteht. Ziehe die Seilenden so ein, dass sie auf der Rückseite landen.

4. Nun die Enden der waagerechten Seile mit dem Baumwollfaden zu einem geschlossenen Kreis zusammenbinden. Schließlich alle Enden der senkrechten Seile mit dem Baumwollfaden umwickeln.

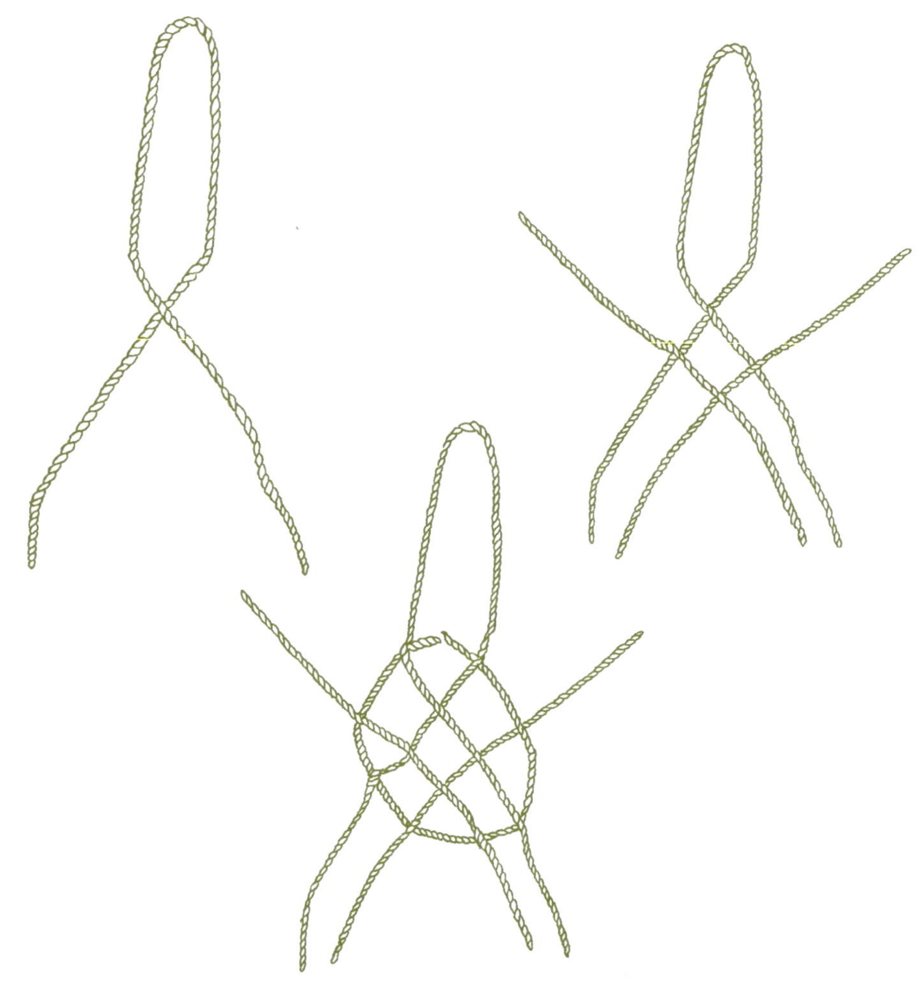

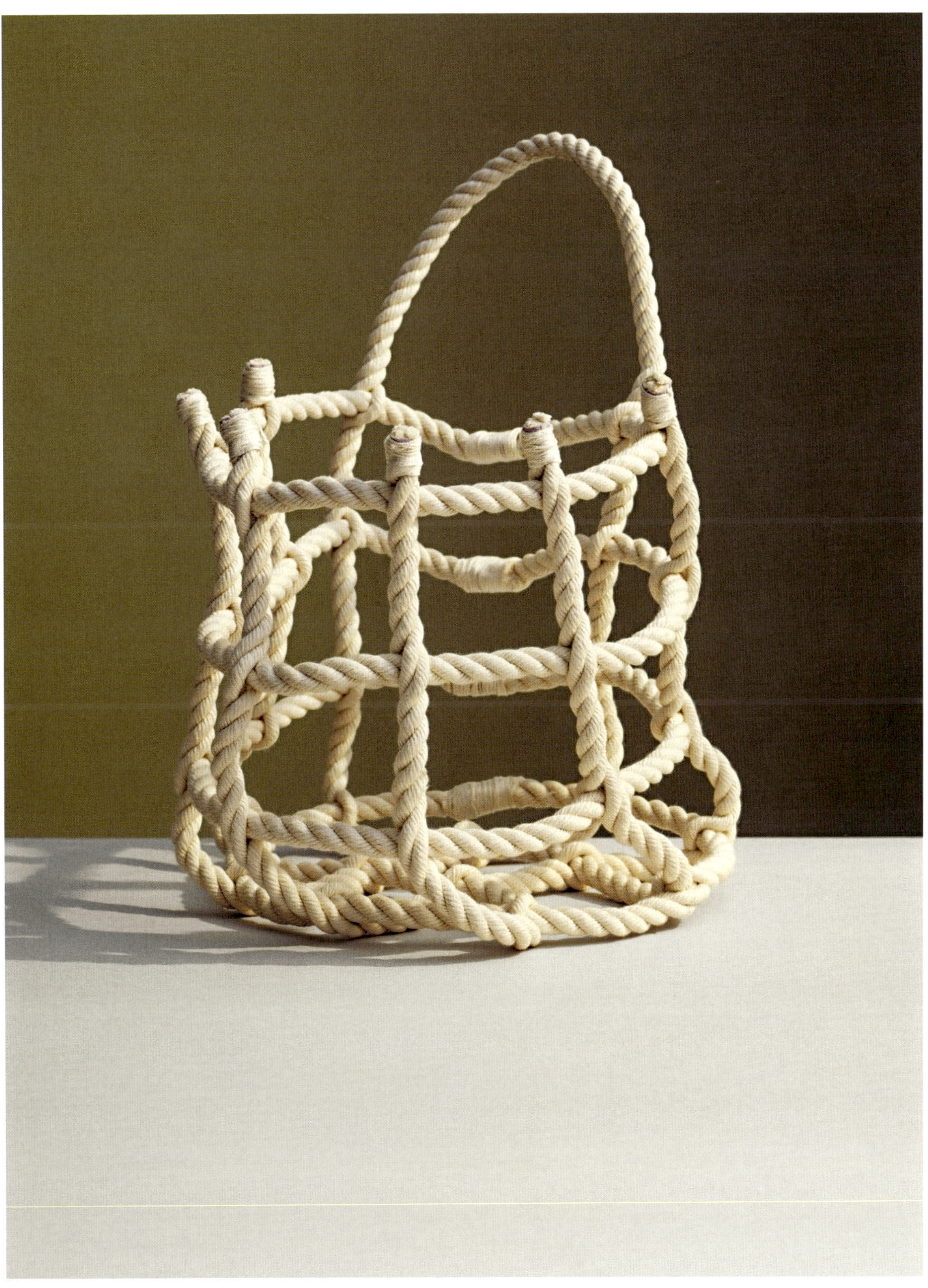

Hängekorb aus Seilen

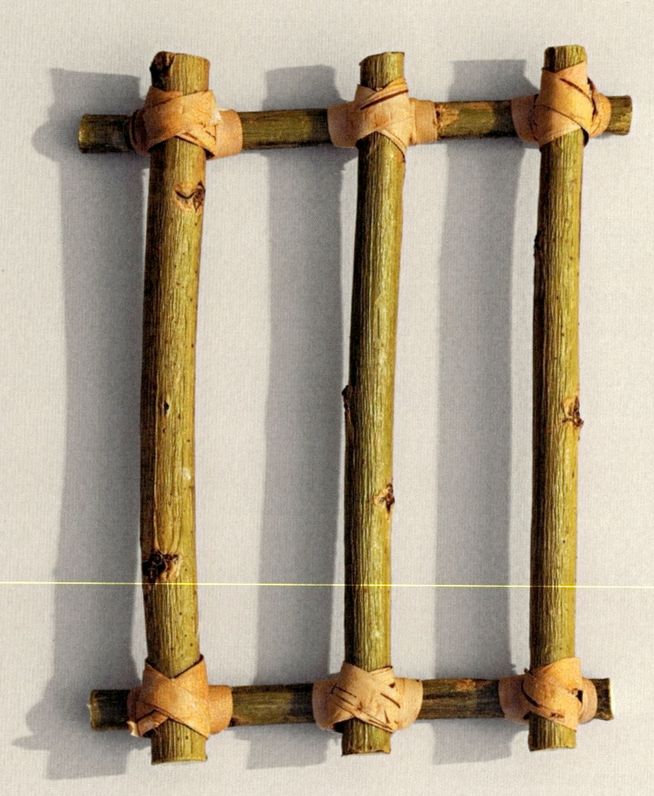

SEIFENSCHALE

UMWICKELN MIT GEKOCHTER BIRKENRINDE

Diese Seifenschale aus Weide und Birkenrinde ist lächerlich einfach zu flechten und ein gutes erstes Projekt. Das Geflecht ist vom Karogeflecht inspiriert, aber anstatt, dass die Ruten über- und untereinander verlaufen wie üblich, werden mehrere aufeinandergelegt und anschließend mit gekochten Birkenrindenstreifen fixiert. Das Projekt eignet sich ideal für Reste und kann natürlich auch aus einem anderen Material als Weide realisiert werden. Das Flechtgut muss nicht flexibel sein, aber relativ gerade Stöckchen sind wünschenswert. Gut eignen sich neben Weide auch, Buche, Lärche oder Kiefer. Schau dich in deiner Umgebung nach passendem Material um.

MATERIAL

Weidenruten, ø ca. 10 cm:
3 Ruten, 15 cm lang,
2 Ruten, 12 cm lang,
6 gekochte Birkenrindenstreifen

WERKZEUG

Gartenschere,
Holzleim,
Gummiband

1. Die Ruten in richtigem Abstand auslegen: zwei vertikale unten und drei horizontale darauf. Mit einem Stift oder einem Messer die Punkte markieren, an denen die Ruten einander berühren, damit später klar ist, wo die Befestigung erfolgen soll.

2. Die Birkenrindenstreifen nach den Vorgaben auf Seite 39 kochen. Einen Streifen um eines der vertikalen Stöckchen und die mittlere horizontale Rute wickeln. Die Birkenrinde wird so geschlungen, dass sie vorn ein Kreuz bildet. Die Streifenenden auf der Rückseite mit etwas wasserfestem Leim befestigen und ein Gummiband darum binden, um alles während des Trocknens festzuhalten.

3. Die Stöckchen an den übrigen Kreuzungspunkten auf dieselbe Weise befestigen. Dabei darauf achten, dass die Ruten zueinander so rechtwinklig wie möglich liegen. Entferne das Gummiband, wenn der Leim getrocknet ist, und deine Seifenschale ist fertig!

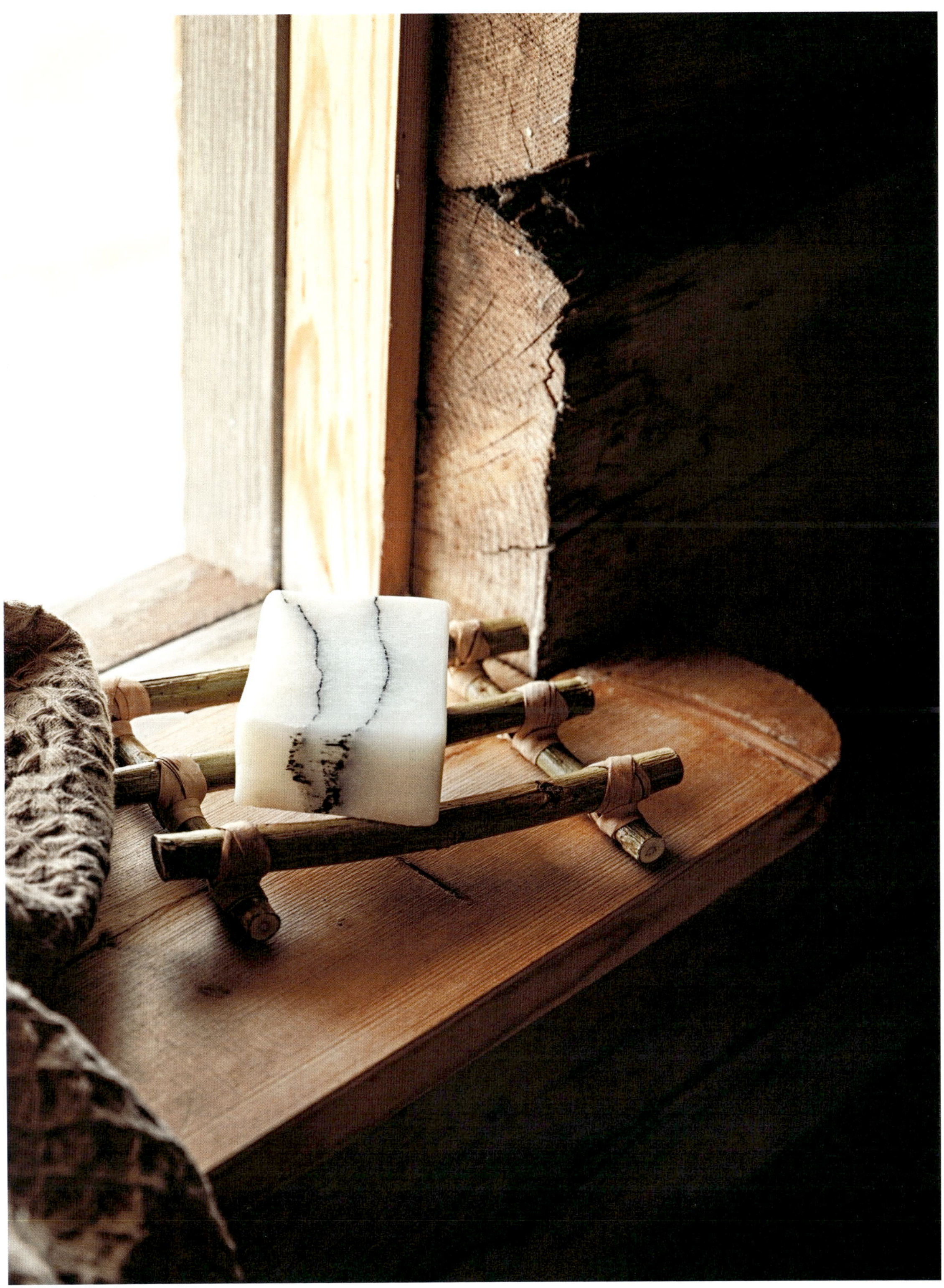

Seifenschale

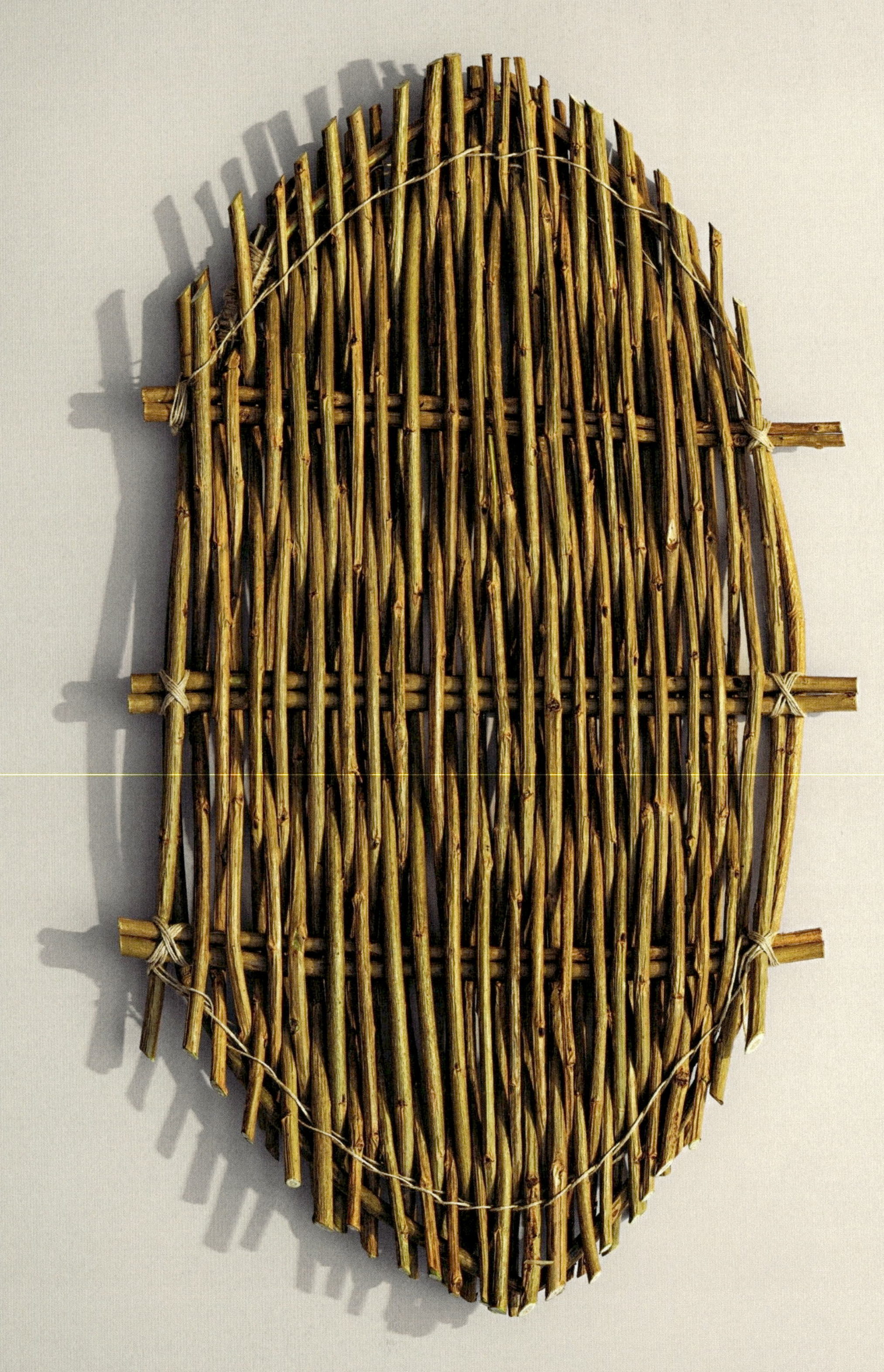

SERVIERPLATTE

KAROGEFLECHT

Das Flechten unterscheidet sich bei diesem Projekt etwas von den anderen, denn man beginnt damit, aus den Ruten ein rundes Gerüst zu formen, in das man flechtet. Das mag kompliziert klingen, ist aber ganz im Gegenteil eine einfache Flechttechnik, die Spaß macht und gut für Anfänger geeignet ist. Man braucht kein perfektes Flechtmaterial dafür, weil man die Ruten nicht so stark biegen muss wie bei anderen Projekten. Man kann die meisten flexiblen Naturmaterialien benutzen, zum Beispiel Zweige von Buche, Weide, Lärche oder Kiefer. Schau dich in deiner Umgebung um und experimentiere mit dem Material, das du vorfindest.

MATERIAL

Weidenruten oder anderes Flechtmaterial:
1 Rute, ca. 140 cm lang,
40 Ruten, 55 cm lang,
6 Ruten, 30 cm lang,
Leinenband

WERKZEUG

Gartenschere,
Bastelmesser,
Lineal,
Schnüre

1. Zunächst die längere Rute, die mit ca. 1–2 cm Durchmesser etwas dicker sein darf, zu einem Oval formen. Wickle das dünne Ende der Rute um das dickere, damit die Form stabil ist. Bei diesem Projekt muss man nicht nach Symmetrie streben, die Form kann ein Kreis sein, ein Oval oder irgendwas dazwischen.

2. Als Nächstes benötigst du 6 relativ gleich dicke Ruten, die so lang sind, dass sie quer über das Oval gelegt werden können und auf jeder Seite ca. 2 cm überstehen. Für mein Projekt reichte eine Länge von 30 cm. Sie werden gleichmäßig verteilt in Zweiergruppen auf der Ausgangsform positioniert, zwei in der Mitte und zwei auf jeder Seite.

3. Für das anschließende Flechten braucht man etwas dünnere Ruten. Verkreuzt wird nach dem Prinzip: eine darüber, eine darunter, wobei du in der Mitte des Ovals beginnst. Leg eine Rute mit dem dickeren Ende unter die Außenkante des Ovals, über die ersten zwei Ruten, unter die mittleren, über die dritten und dann wieder unter das Oval. Die eingeflochtenen Ruten mit einer Hand an Ort und Stelle halten.

4. Die nächsten Ruten werden genauso eingeflochten, aber man beginnt auf der gegenüberliegenden Seite, dadurch werden die dickeren Rutenenden abwechselnd auf beiden Seiten des Ovals verteilt.

5. Auf diese Weise neue Ruten ins Oval flechten. Sollte sich dein Material in der Dicke unterscheiden, ist es ein guter Tipp, die etwas kräftigeren Ruten in die Mitte einzuflechten und die dünneren für die Ränder zu nutzen.

6. Wenn der ganze Kreis fertig geflochten ist, musst du die Enden befestigen. Ich habe Leinenband um die Zweigenden gewickelt. Die herausstehenden Enden mit einer Gartenschere abschneiden.

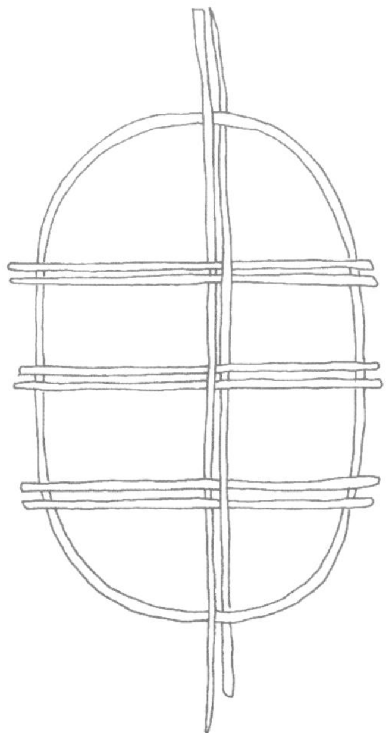

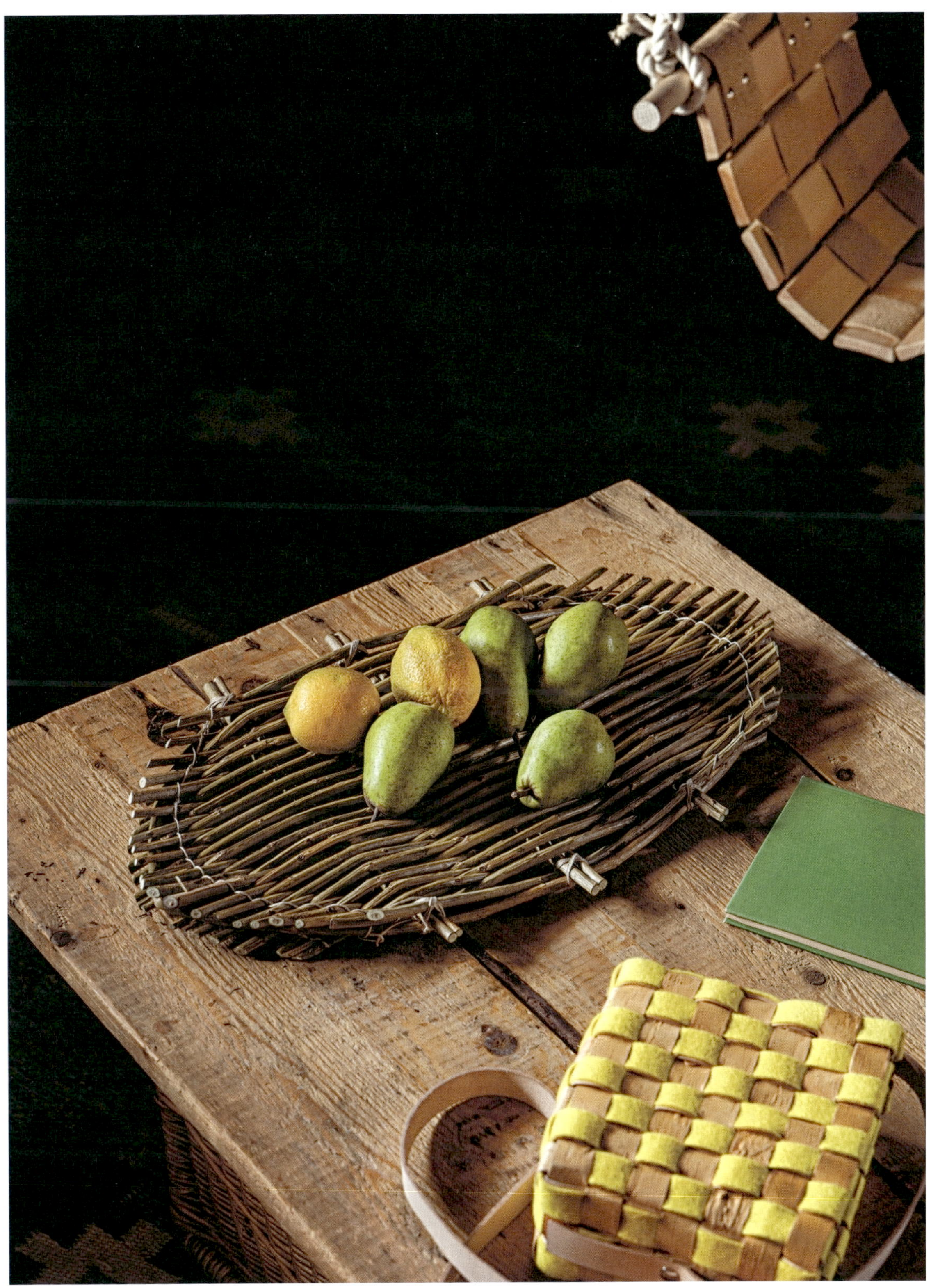

Servierplatte

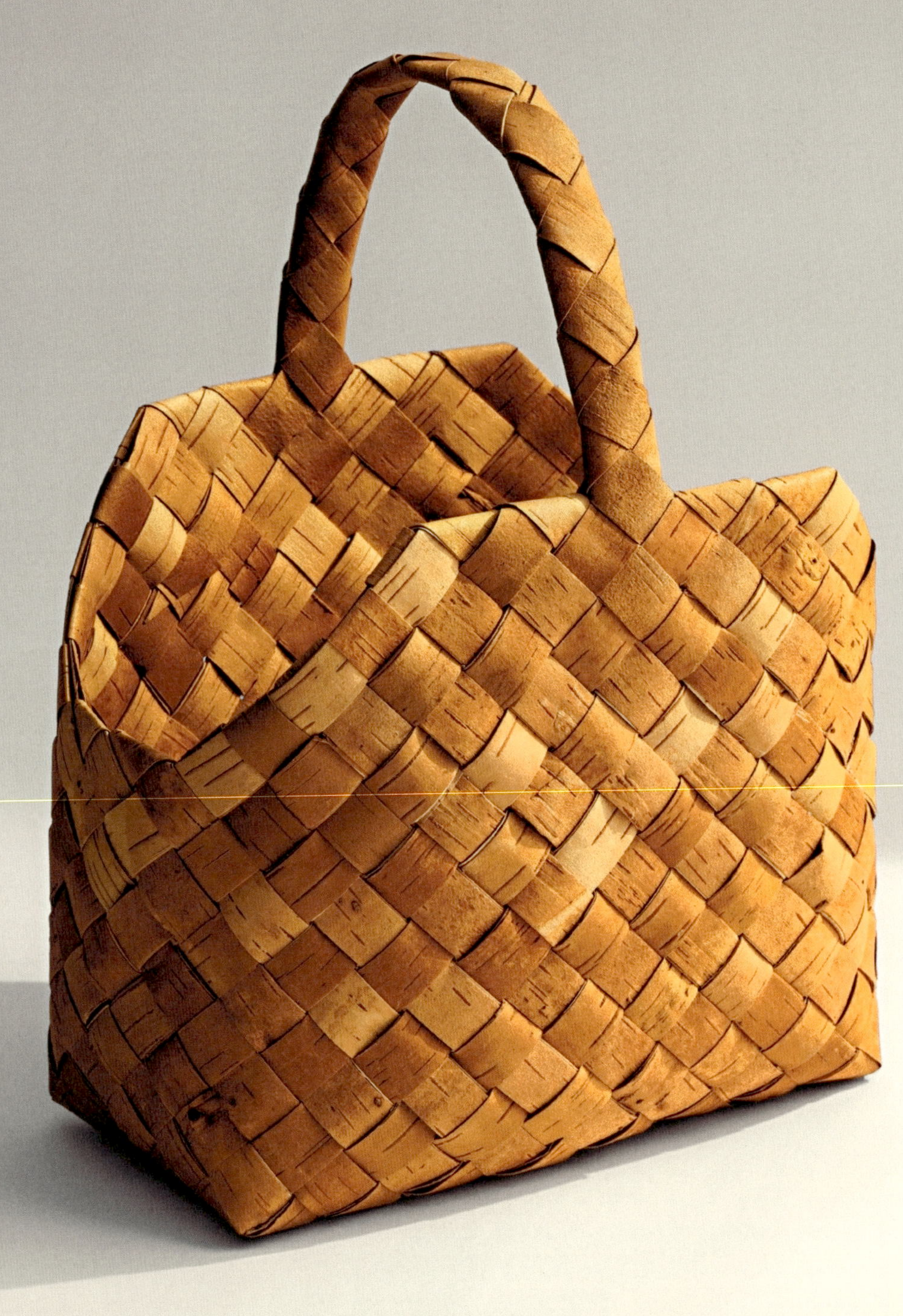

KORB MIT FLECHTGRIFF

DIAGONALGEFLECHT

In diesen geräumigen Korb mit festem Griff wird ein gebogener Holzspan in die Korbwand gezogen und mithilfe weiterer Streifen eingeflochten. Der Korb auf dem Foto ist aus Birkenrinde, aber du kannst ihn genauso gut zum Beispiel aus einem dickeren Papier arbeiten. Die Anleitung ist für einen großen Korb, doch Größe und Aussehen lassen sich leicht variieren, indem man weniger oder schmalere Streifen verwendet.

MATERIAL

ca. 140 Streifen Flechtmaterial nach Wahl,
2,5 cm breit,
Kiefernholzspan oder Birkenrindenstreifen
für den Griff, 2,5 cm × 45 cm

WERKZEUG

Lineal,
Cutter,
Wäscheklammern,
Schere

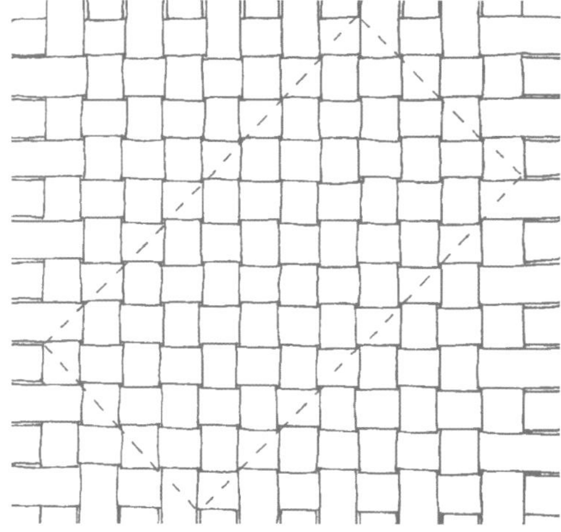

1. Zunächst schneidest du das Flechtmaterial in 2,5 cm breite Streifen. Hier handelt es sich um einen großen Korb und man muss die Bahnen während der Arbeit mehrmals anstückeln. Daher ist es gut, das Flechten mit möglichst langen Streifen zu beginnen, damit es nicht schon an der Ecke erforderlich wird anzustückeln. Die ersten 24 Bahnen, aus denen der Boden besteht, sollten deswegen ca. 60–70 cm lang sein, die restlichen können mit ca. 40 cm kürzer sein. Wenn dir keine ausreichend langen Streifen zur Verfügung stehen, kannst du schon im Boden zwei Bahnen zusammensetzen. Je nachdem, welches Material du verarbeitest, geschieht das entweder, indem du sie beim Flechten aufeinanderlegst oder mit einem festen Leinenfaden vernähst. Ich habe hier Birkenrinde verwendet und sie schon beim Verkreuzen des Bodens aufeinandergelegt. Damit das Geflecht ausreichend stabil wird, ist es wichtig, dass die Streifen ca. 5 cm weit überlappen.

2. Für den Korbboden 12 + 12 Streifen gemäß den Anweisungen für diagonales Flechten auf Seite 26 verkreuzen. Die Streifen an den Ecken wie in Illustration 1 nach oben falten. Mit Wäscheklammern fixieren.

3. Ausgehend von der Ecke arbeitest du die Seiten im Diagonalgeflecht, indem du die Streifen der kurzen Seite mit denen der langen verflechtest. Vergiss nicht, die Bahnen während des Vorgangs mit Wäscheklammern an Ort und Stelle zu halten.

4. Bis zu einer Höhe von ca. 19 cm flechten und dann in der Mitte der kurzen Seiten eine gerade Kante anlegen. Die beiden mittleren Streifenpaare auf der kurzen Seite zu einer geraden Kante verarbeiten, wie auf Seite 28 gezeigt. An der gegenüberliegenden kurzen Seite wiederholen.

5. Von den jetzt angelegten Rändern auf den kurzen Seiten sollen schräge Kanten bis hin zu den Längsseiten des Korbs verlaufen. An einer kurzen Seite beginnen und 5 Streifen zu einer diagonalen Kante, wie auf Seite 30 gezeigt, verflechten. An der anderen kurzen Seite wiederholen.

6. Jetzt verarbeitest du alle restlichen Streifen an der ersten langen Seite zu einer Kante. An der zweiten langen Seite lässt du die beiden mittleren Bahnen stehen, um sie anschließend zu dem Griff zu verflechten.

7. An einer Längsseite befinden sich nun zwei noch nicht eingeflochtene Bahnen. Aus ihnen stellst du jetzt den Griff her, indem du mit ihnen einen in das Geflecht eingezogen Holzspan umflechtest. Achte zunächst darauf, dass die Streifen lang genug sind. Damit sie für den gesamten Griff reichen, sollten sie 60 cm lang sein. Verlängere sie, falls ihre Länge nicht ausreicht. Nimm zwei gleich lange Streifen und ziehe sie so an derselben Stelle im Geflecht innen an der Seite ein, dass zwei Paar Streifen übereinander liegen. Schiebe den Holzspan in der Mitte zwischen den beiden Streifenpaaren in das Geflecht. Falls du keinen Kiefernholzspan hast, kannst du ca. 4 Birkenrindenstreifen benutzen, damit sie als Bündel zusammengenommen als Gerüst für den Griff dienen. Umflechte jetzt den Span mit den verbliebenen Streifen wie in den Illustrationen gezeigt. Flechte so um den Griff, bis du die gegenüberliegende Längsseite erreichst. Ziehe den Span in der Mitte zwischen den Streifen in die Innen- und Außenwand. Flechte die Streifen in das seitliche Geflecht ein.

8. Zuletzt zusätzliche Bahnen dort einflechten, die noch nicht doppellagig sind. Alle herausragenden Streifenenden abschneiden.

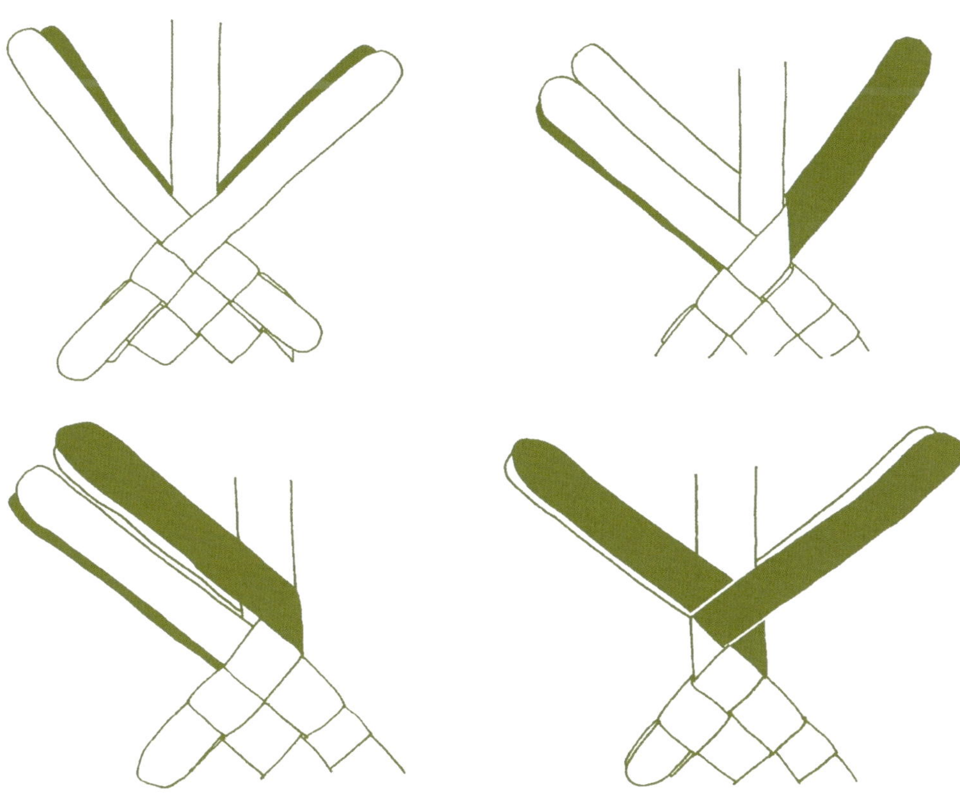

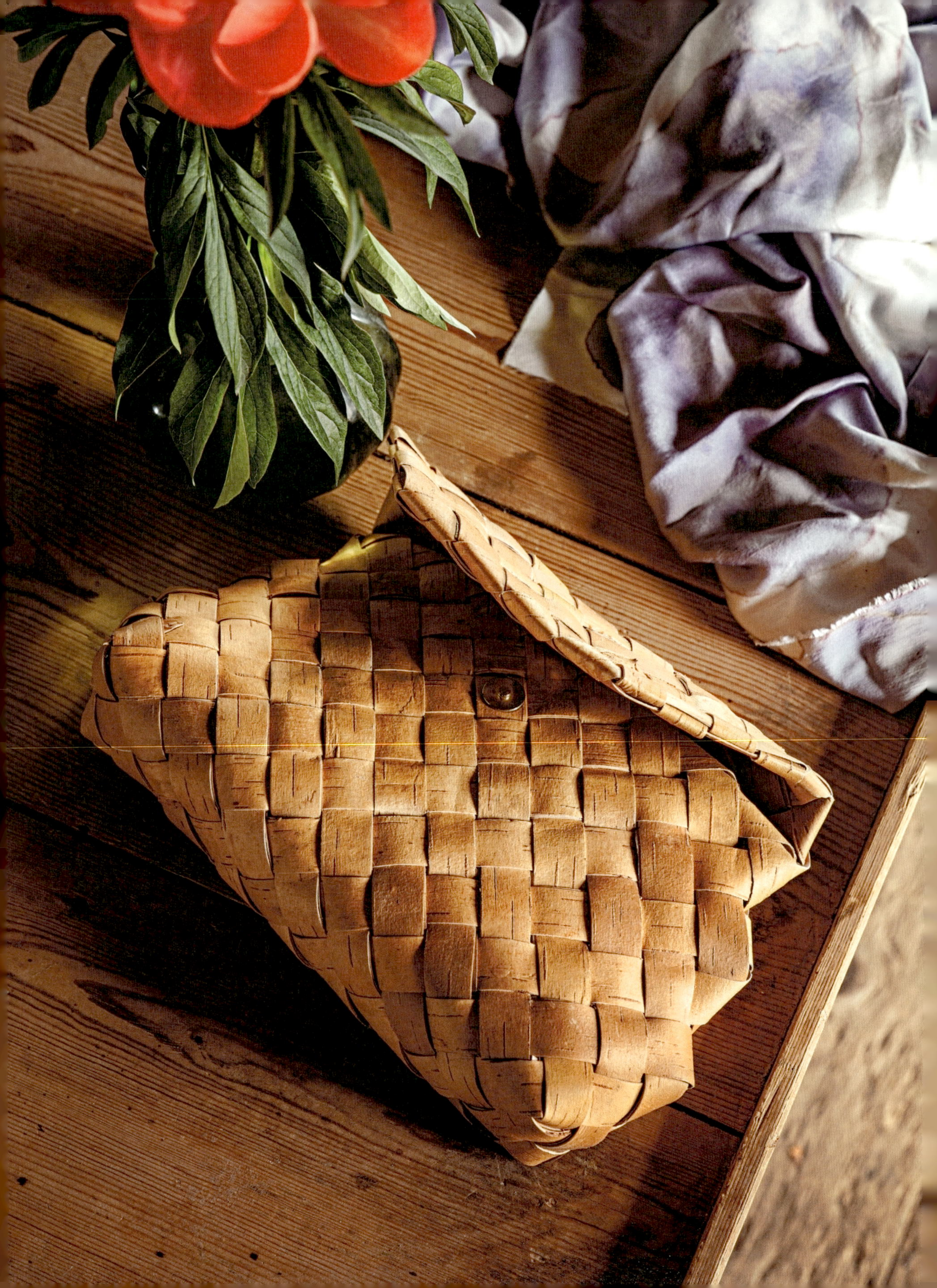

HANDTASCHE MIT TAILLE

DIAGONALGEFLECHT

Diese Handtasche im Clutch-Stil mit Verschluss ist aus Birkenrinde geflochten, aber man kann auch ein anderes Material verwenden, zum Beispiel Karton oder Tapetenreste. Durch das Reduzieren beim Flechten bildet sich seitlich eine Taille und verleiht der Tasche ein elegantes Design. Der Flechtvorgang ist einfach, aber die Reduzierung muss man eventuell ein paar Mal wiederholen, bis man mit dem Ergebnis zufrieden ist – probiere aus, wie fest oder locker du flechten musst. Auch wenn es ein bisschen fummelig ist, macht es Spaß, weil man fast wie ein Bildhauer eine Form herausarbeitet.

MATERIAL

ca. 70 Streifen, 2 cm × 40 cm,
1 Magnetverschluss

WERKZEUG

Lineal,
Wäscheklammern,
Schere

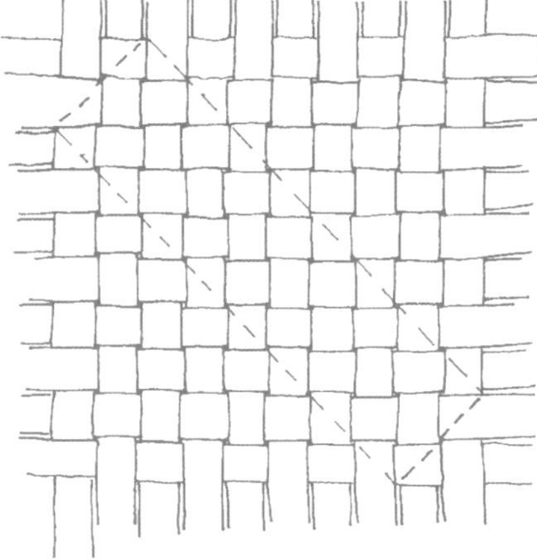

1. Gemäß den Anweisungen für diagonales Flechten auf Seite 26 beginnen. Für den Boden 10 + 10 Streifen flechten. Das Geflecht in der Ecke mit Wäscheklammern fixieren. Die Streifen für die Ecken wie in der Illustration hochbiegen. Mit Wäscheklammern fixieren.

2. Ausgehend von der Ecke arbeitest du die Seiten, indem du die Streifen der kurzen Seite mit denen der langen verflechtest. Vergiss nicht, die Bahnen während des Flechtprozesses mit Wäscheklammern an Ort und Stelle zu fixieren.

3. Sobald du die Seiten 3 Runden hoch geflochten hast, reduzierst du zum ersten Mal an jeder der kurzen Seiten. Es wird mitten an der kurzen Seite an den 2 Streifen, die das dritte Karo in der Höhe bilden, zurückgeflochten.

4. Von den beiden Streifen einen genau an der Kante abschneiden, an der das Geflecht endet und einflechten. Siehe hierzu die Abbildungen auf Seite 31.

5. Eine weitere Runde in der Höhe flechten und erneut, auch hier in der Mitte der kurzen Seite, diesmal mit den Bahnen des fünften Karos in der Höhe reduzieren. Einen der beiden Streifen genau an der Kante des Geflechts abschneiden und einflechten. Siehe hierzu die Abbildungen auf Seite 31.

6. Wieder eine Runde in der Höhe flechten und die vordere Kante an der gesamten Längsseite anlegen. An einer der Schmalseiten beginnen und, wie auf den Abbildungen auf Seite 28 zu sehen, eine gerade Kante verkreuzen.

7. Aus den restlichen Streifen entsteht die Klappe. Abhängig von ihrer Länge musst du möglicherweise anstückeln. Die Bahnen sollen ausreichend lang sein für 5 Runden am höchsten Punkt, der zum Verschluss der Tasche wird. Um den Verschluss hoch genug zu platzieren, musst du an den Seiten neue Streifen einflechten. Nimm für jede Seite zwei neue Bahnen hinzu, damit das Geflecht höher ausfällt.

8. Als Nächstes formst du die Kanten der Klappe. Ich habe dafür eine gerade und eine schräge Kante geflochten. Abbildungen hierzu findest du auf Seite 28 und 30. Folge beim Formen der Klappe der Zeichnung.

9. Fülle die Bereiche an den Seiten und am Boden der Tasche auf, die noch nicht doppellagig sind, indem du weitere Bahnen einflechtest. Schneide anschließend alle herausstehenden Streifenenden ab.

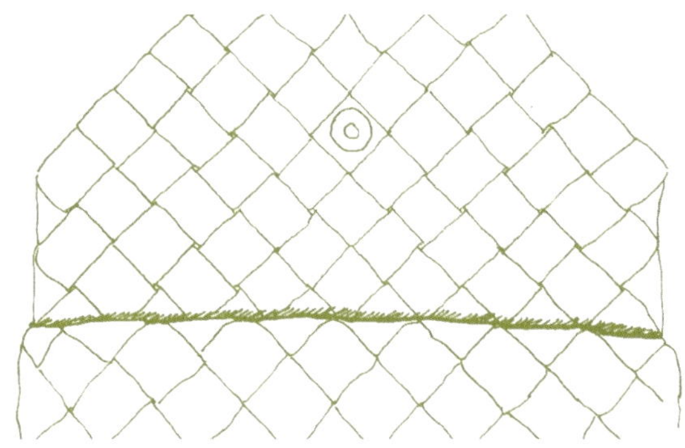

10. Damit die Tasche gut schließt, habe ich einen Magnetverschluss verwendet. Miss an Tasche und Klappe aus, wo der Verschluss sitzen soll. Bohre mit einer Ahle oder einer Messerspitze vorsichtig ein Loch. Montiere den Magnetverschluss und bedecke seine Rückseite mit frischen Birkenrindenstreifen, die du einziehst.

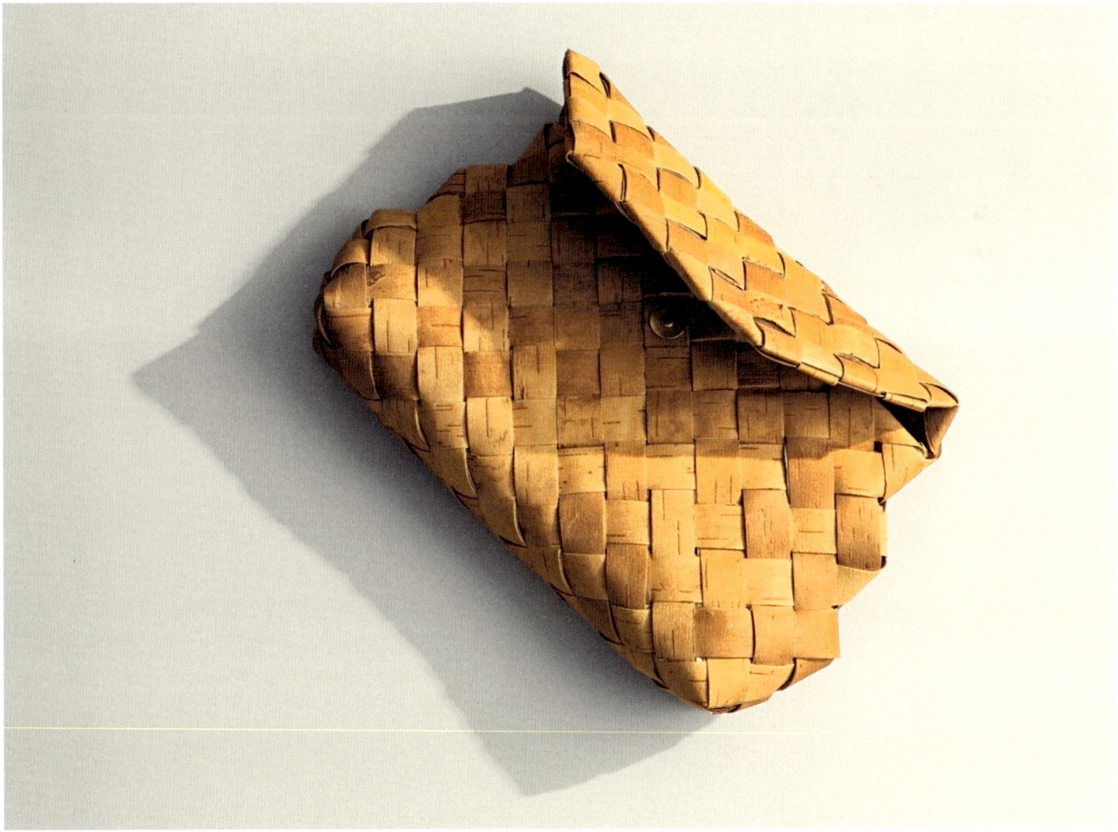

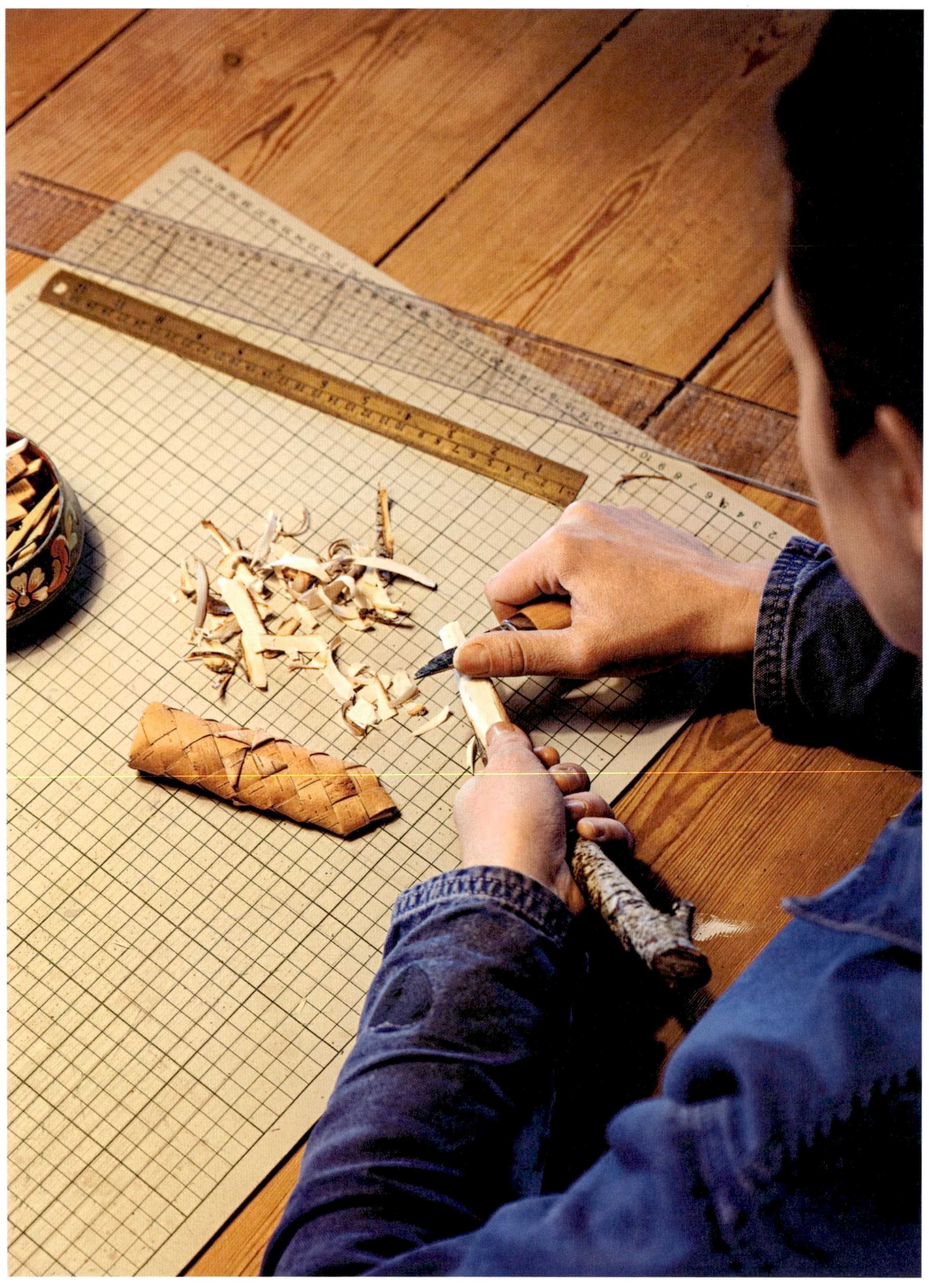

MESSERETUI

DIAGONALGEFLECHT

Schütze deine Messerklinge auf schönste Weise mit einem Etui aus Birkenrinde. Die Hülle wird diagonal geflochten, aber der Anfang unterscheidet sich etwas von den bisherigen Projekten, weil man ganz unten an der Spitze beginnt und nach oben arbeitet. Du benötigst nur wenig Material und die Arbeit ist leicht und schnell getan. Die dekorativen Elemente kannst du ganz nach deinem Geschmack variieren oder auch weglassen.

MATERIAL

1 Stück Birkenrinde,
ca. 40 cm lang, 9 cm breit

WERKZEUG

Lineal,
Schere,
Stift,
kleine Büroklammern,
Bastelmesser,
Ecken- und Kantenformer
(ein spitzer, geschwungener Stab, der das Flechten vereinfacht)

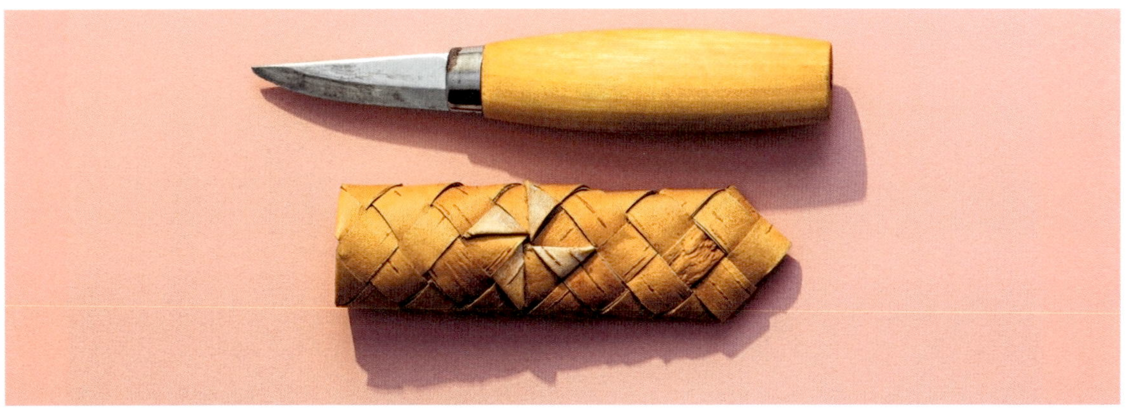

1. Die äußere, weiße Schicht der Birkenrinde abschälen. Sechs Streifen, 1,25 cm breit und ca. 50 cm lang, aufzeichnen und ausschneiden. Vier Streifen in der Mitte falten (helle Seite außen) und ineinander stecken, sodass die offenen Enden nach außen zeigen. Sie sollten eine Raute bilden und in Karobindung (eine darüber, eine darunter) auf der Vorder- und Rückseite geflochten werden. Mit einer Büroklammer zusammenhalten.

2. Jetzt die Seiten von links nach rechts flechten. Den äußeren linken Streifen gerade nach unten zum Geflecht falten. Dann die hintere linke Bahn diagonal zur Vorderseite knicken, damit sie oberhalb der rechten Streifen liegt. Die vordere, nach unten gefaltete Bahn wird jetzt genauso zur Rückseite des Geflechts gebogen. Die Arbeit wenden und darauf achten, dass der geknickte Streifen unter dem rechten liegt, sodass die Karobindung erhalten bleibt.

3. Wenn die Seite 14 cm oder 8 Runden hoch ist, kannst du die obere Kante des Etuis, wie auf Seite 28 gezeigt, als gerade Kante flechten.

4. Jetzt zusätzliche Streifen in die Bereiche des Etuis einflechten, die noch nicht doppellagig sind. Die herausstehenden Enden abschneiden.

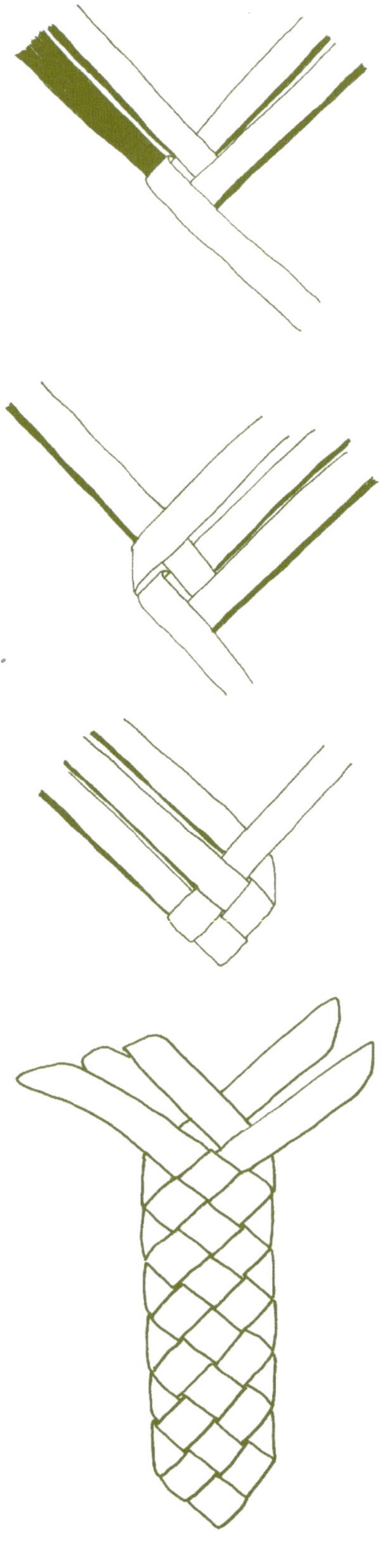

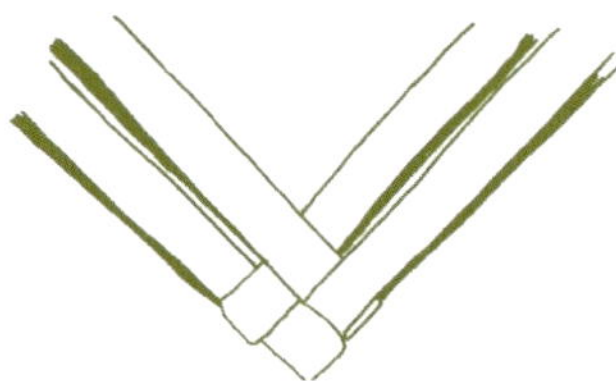

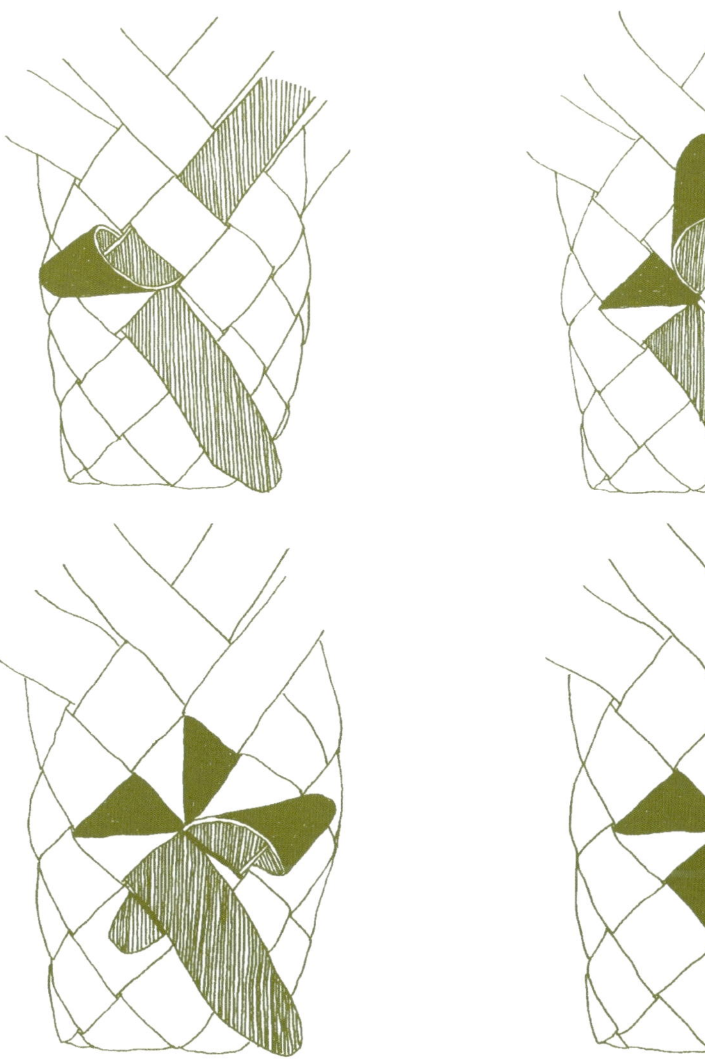

5. Der letzte Schritt ist ein dekoratives Detail. Einen neuen Streifen zuschneiden, genauso breit wie die anderen, aber nur ca. 15 cm lang. Ihn über und unter die vier Karos in der Mitte des Etuis, die zusammen eine Raute bilden, einflechten. Den Streifen mit der Innenseite nach oben von links nach rechts unter dem linken Karo der Raute einziehen. Dann der Darstellung in den Abbildungen folgen. Wenn es fertig ist, werden die Streifenenden abgeschnitten.

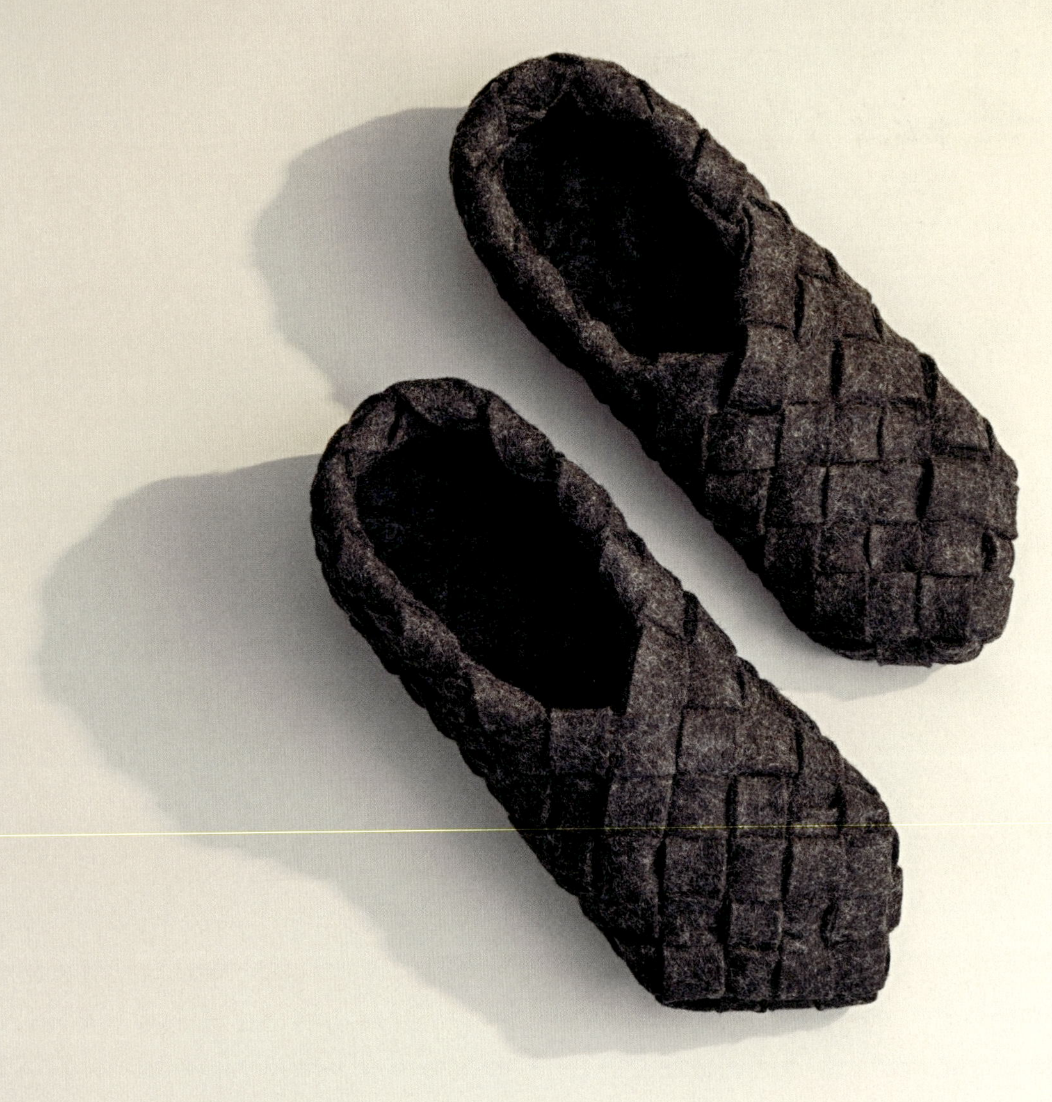

GEFLOCHTENE PANTOFFELN

DIAGONALGEFLECHT

Dieser Pantoffel ist dem Modell nach ein klassischer Birkenrindenschuh. Heute kann man sich kaum mehr vorstellen, in Schuhen herumzulaufen, die aus Birkenrinde geflochten sind, aber tatsächlich waren sie früher in Schweden sehr häufig.

Es klingt zwar recht praktisch, Pantoffeln aus einem leichtzugänglichen Material wie Birkenrinde herzustellen, doch nutzten sie sich sehr schnell ab, was sogar zur Entstehung eines schwedischen Sprichworts über kurze Wege geführt hat. Deswegen und um warmer und bequemer Pantoffeln willen habe ich die Birkenrinde hier gegen Wollfilz ausgetauscht.

Die Schuhe sind diagonal geflochten, doch der Anfang gestaltet sich etwas anders als in den vorhergehenden Projekten. Du beginnst ganz vorne an der Zehenspitze und arbeitest Richtung Ferse. Die Schuhgröße wird durch die Streifenbreite bestimmt, indem man ca. 1 mm wegnimmt oder zugibt. Die Pantoffeln auf dem Foto passen bei Schuhgröße 38/39.

MATERIAL

Für 1 Paar Pantoffeln:
22 Streifen Wollfilz,
ca. 2 mm dick, 2 cm x 100 cm

WERKZEUG

Rollschneider oder Schere,
Maßband,
Lineal,
Wäscheklammern

1. Die Streifen mit Rollschneider oder Schere für das Flechten vorbereiten.

2. Zunächst 7 + 2 Streifen nach den Grundlagen des Diagonalgeflechts auslegen. Die Bahnen, aus denen die Spitze und die vordere Kante werden sollen, hochklappen.

3. Ausgehend von den hochgebogenen Streifen werden nun die Pantoffelseiten geflochten. Vergiss nicht, die Wollbänder während des Flechtvorgangs mit Wäscheklammern zu fixieren.

4. Sobald du 14 cm oder 5 Runden hoch geflochten hast, ist es Zeit, den Rand anzulegen. Ausgehend vom 5. Quadrat knapp über der Zehenspitze eine schräge Kante nach den Angaben auf Seite 30 mit je einem Streifen an jeder Seite des Quadrats verkreuzen.

5. Nun die Sohle bis zur gewünschten Länge fortsetzen, bei mir ca. 25 cm.

6. Um die Ferse zu formen, musst du jetzt 2 neue Streifen, einen auf jeder Seite, einflechten. Von der hinteren Mitte ausgehend, die beiden Streifen, die zur seitlichen Ferse werden sollen, hochklappen.

7. Die Ferse 6 cm oder 2 Runden hoch verkreuzen. In dieser Höhe eine gerade Kante rund um die Öffnung des Pantoffels gemäß den Angaben auf Seite 28 flechten.

8. Alle herausragenden Streifenenden zurück ins Pantoffelgeflecht einfädeln. Achte darauf, dass die Bahnen rings um die Öffnung für zusätzliche Stabilität doppelt liegen.

9. Den gesamten Vorgang für den linken Pantoffel wiederholen. Vergiss nicht die Spitze gegengleich zu machen.

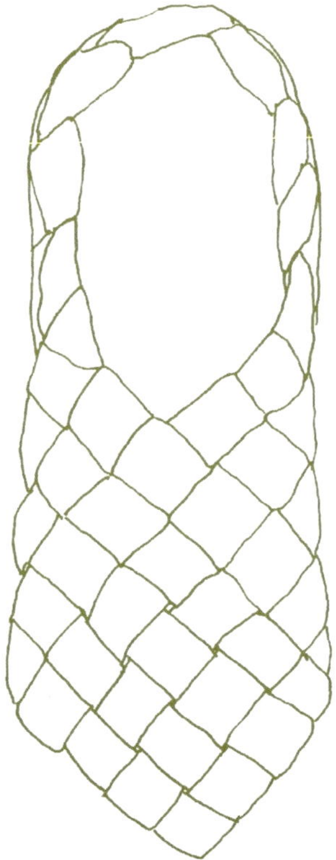

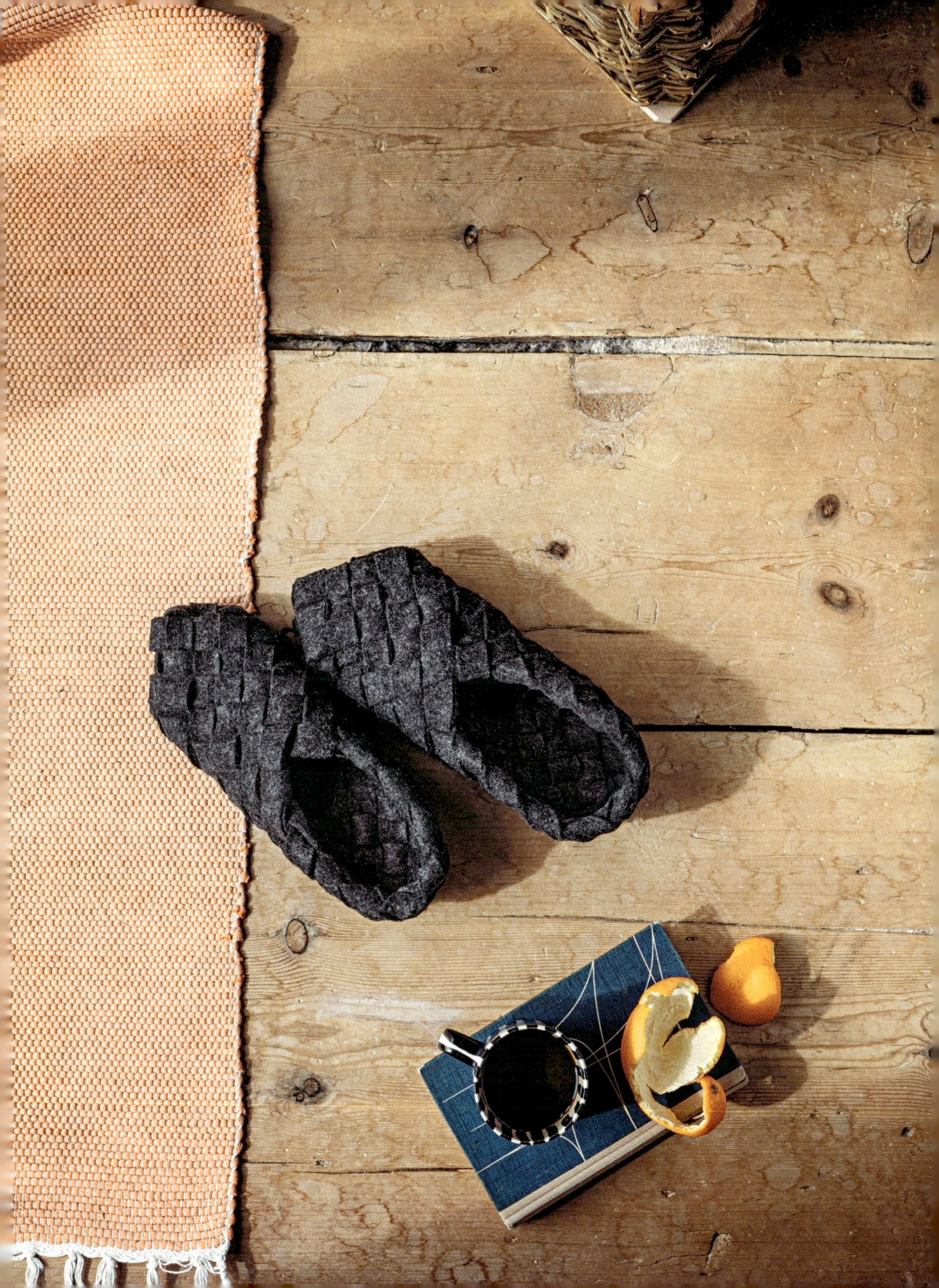

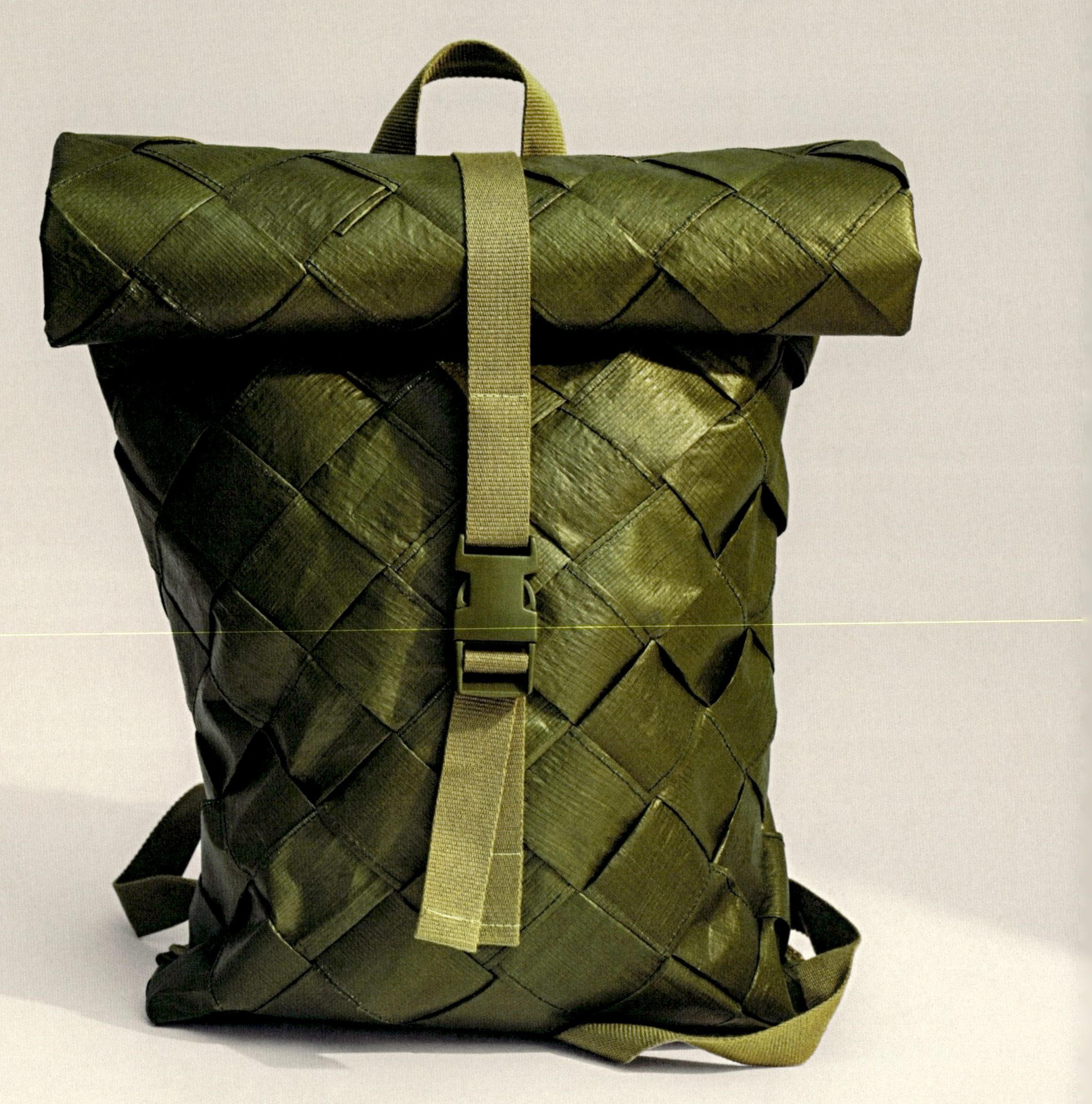

ROLLRUCKSACK

DIAGONALGEFLECHT

Oft wird das Korbflechten mit hübschen oder exklusiven Naturmaterialien in Verbindung gebracht. Und obwohl ich die Farbnuancen der Weide und den Glanz von Birkenrinde liebe, glaube ich, dass man mit etwas Sorgfalt und handwerklicher Geschicklichkeit „billige" Materialien veredeln kann, sogar aussortierte und unerwünschte. In diesem Projekt habe ich eine alte, kaputte Plane, die lange im Abstellraum herumlag, zu einem Geflecht verarbeitet, das von einem klassischen Rückenkorb inspiriert wurde.

Der Rucksack wird von unten nach oben in einem einzigen Stück geflochten und da das Geflecht durch die Plane flexibel ist, kann man ihn zum Verschließen oben aufrollen. Wenn dir keine Plane zur Verfügung steht, nutzt du einen anderen vorhandenen Stoff. Mit diesem Projekt will ich beweisen, dass man nicht immer teures Flechtmaterial braucht, um eine hübsche und praktische Tasche herzustellen.

MATERIAL

1 Plane oder ein anderes textiles Material, aus dem du Streifen schneidest,
1 Schrägband, 4 cm × 76 cm,
Material für die Träger und Schnalle (optional)

WERKZEUG

Rollschneider oder Schere,
Lineal,
Maßband,
Wäscheklammern,
Stecknadeln,
Nähmaschine

1. Zunächst dein Material in 10 cm breite und 180 cm lange Streifen schneiden. Diese der Länge nach in der Mitte falten und 1 cm als Nahtzugabe zur Kante hin einschlagen. An der Längskante mit der Nähmaschine zusammennähen.

2. 5 + 5 Streifen nach den Angaben für diagonales Flechten auf Seite 26 auslegen. Die Bahnen für die Ecken, wie in der Illustration zu sehen, hochschlagen. Mit Wäscheklammern fixieren.

3. Ausgehend von der Ecke nun die Seiten flechten, indem du die Streifen der kurzen Seite mit denen der langen verbindest. Vergiss nicht, sie während des Flechtvorgangs mit Wäscheklammern an Ort und Stelle zu halten.

4. Bis zu einer Höhe von ca. 62 cm flechten. Auf die Gleichmäßigkeit des Geflechts achten und die Bahnen mit Stecknadeln fixieren. Bei diesem Rucksack wird nicht zurück geflochten. Stattdessen fixierst du die Streifen, indem du ein Schrägband mit der Nähmaschine annähst. Die Enden der Bahnen abschneiden, sodass oben eine gerade Kante entsteht. Das Schrägband mit der Nähmaschine annähen.

5. Miss aus, wo der Verschluss und die Träger am besten sitzen sollten. Befestige sie mit Stecknadeln am Geflecht und nähen sie dann mit der Nähmaschine an.

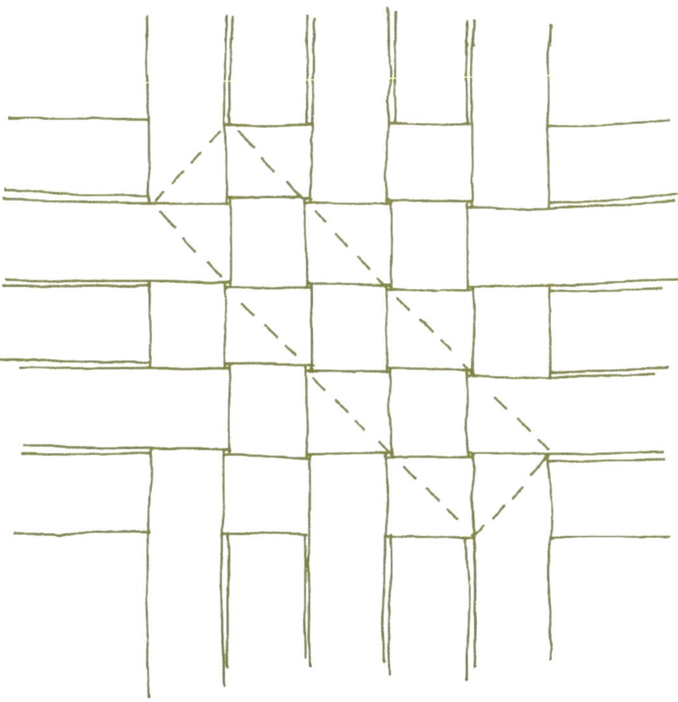

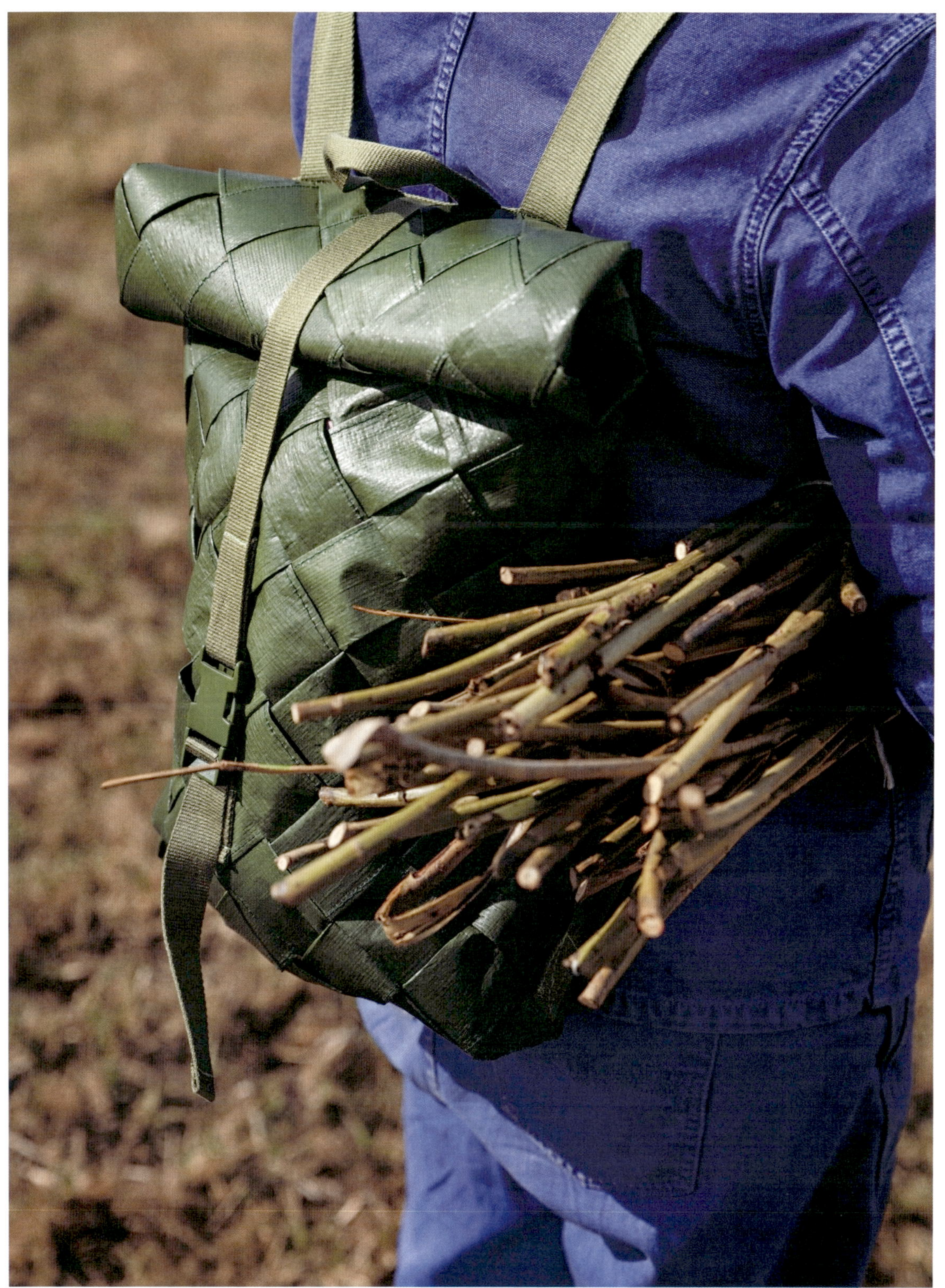

Rollrucksack

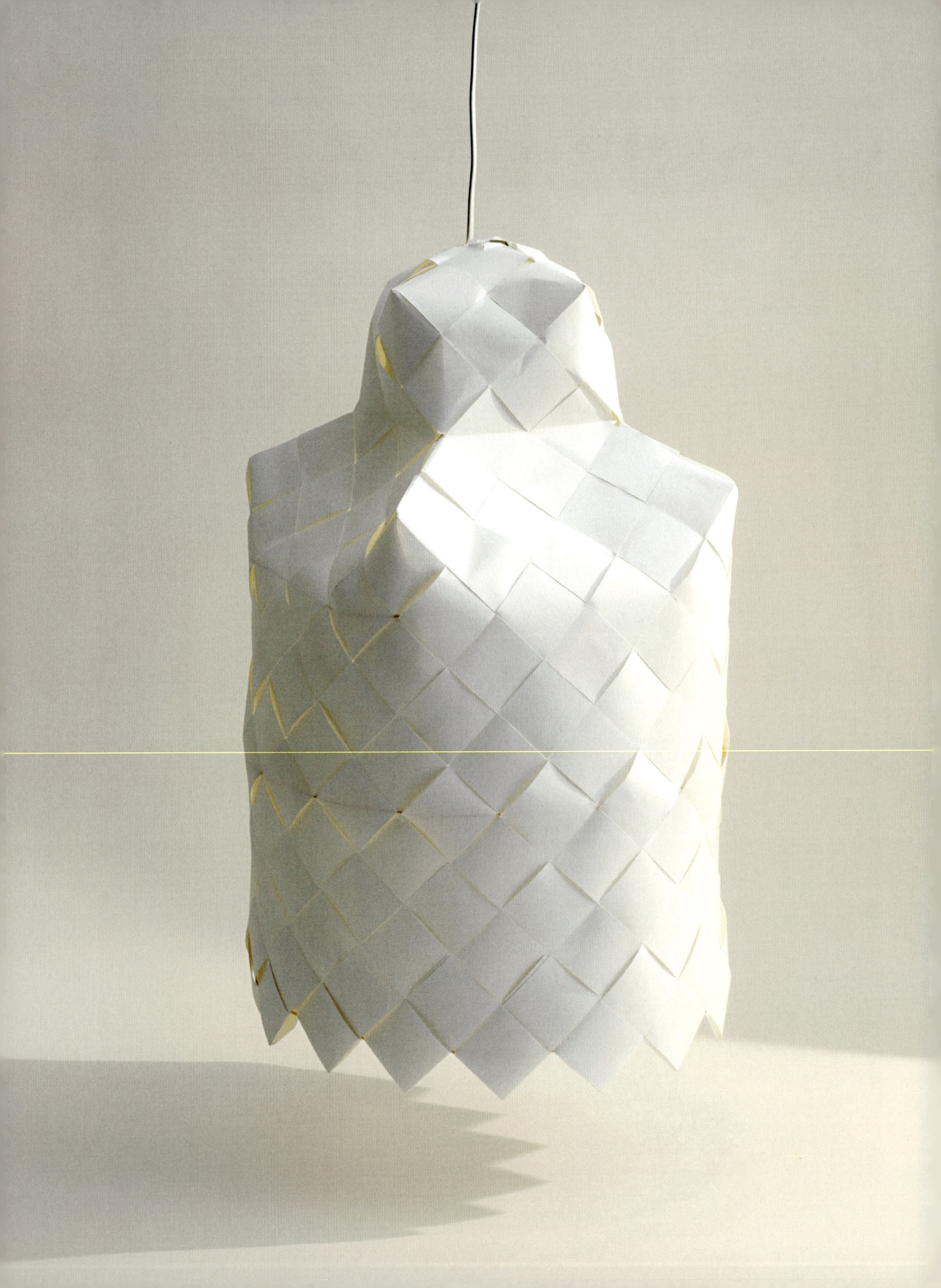

LAMPENSCHIRM

DIAGONALGEFLECHT

Damit der Lampenschirm ein schönes Volumen hat, wird er aus breiten Papierstreifen geflochten. Die angewandte Technik ist das Diagonalgeflecht, mit dem du oben an der Lampe beginnst, danach wird im Geflecht zugenommen und abgeschlossen wird der Schirm mit einer Zackenkante. Die Form erinnert an einen klassischen Birkenrindenkorb in einem modernen Design. Die Größe kannst du nach Belieben variieren. Aber egal, ob du ihn so groß wie hier abgebildet oder kleiner anfertigst, in Teile des Lampenschirms musst du ein festeres Material einflechten, damit die Struktur hält, zum Beispiel eine dünne Weiden- oder Rattanrute.

MATERIAL

2 große Papiere,
70 cm × 100 cm, ca. 100 g/m^2,
Peddigrohr (rund) oder
dünne Weidenruten, ø 2 mm

WERKZEUG

Schneidmatte,
Lineal,
Cutter,
Schere,
Büroklammer,
Klebstift

1. Zunächst schneidest du das Papier in 5 cm breite Streifen. Für diese Lampe brauchst du ca. 20 Stück.
2. Der Lampenschirm wird von oben nach unten geflochten und dabei zur großen Öffnung hin verbreitert.
3. 4 + 4 Streifen nach den Angaben für diagonales Flechten auf Seite 26 auslegen, diejenigen für die Ecken hochbiegen. Da Papier dünn ist, haben die Bahnen wenig Halt. Deshalb ist es sinnvoll, sie an der Ecke mit einem Klebstift zu fixieren.

4. Ausgehend von der Ecke werden die Seiten des Lampenschirms 10 cm oder 2 Runden hoch geflochten. Die Streifen mit einem Klebstift fixieren und mit Büroklammern an Ort und Stelle halten. Jetzt verbreitern, damit der Lampenschirm Volumen erhält. Die Arbeit so wenden, dass die Spitze oben liegt, und die Streifen, wie in der Illustration gezeigt, biegen. An jeder Seite das Geflecht um 2 Bahnen auf insgesamt 8 erweitern. Die Streifen mit Klebstift und Büroklammern fixieren.

5. Die Arbeit erneut wenden, sodass sie auf dem Kopf steht, und die Bahnen, die zu Ecken werden, falten.

6. Nun die Seitenteile des Lampenschirms bis zur gewünschten Höhe flechten, bei mir sind es 40 cm oder 6 Runden. Besser ist es, du wendest die Arbeit beim Flechten noch einmal, damit du die Arme nicht zu sehr strecken musst. Zur Unterstützung kann man auf einem Gerüst flechten, damit die Streifen frei hängen. Ich habe mit einer Kartonrolle und ein paar Büchern improvisiert. Gut funktioniert es auch, wenn man den Lampenschirm beim Flechten aufhängt. Abhängig von seiner geplanten Größe musst du vielleicht Streifen ansetzen. Ich habe dafür einen Neuen an den Alten angeklebt.

7. Zum Abschluss wird eine Zackenkante nach den Angaben auf Seite 29 geflochten. Damit die Kante stabiler ist, habe ich ein dünnes Peddigrohr eingearbeitet, indem ich es in den Streifen gelegt habe, der am Ende einflochten wurde. Um die Form und Struktur des Lampenschirms weiter zu stärken, kann es erforderlich sein, ein Peddigrohr mitten ins Geflecht einzuziehen. Du fädelst es zwischen den Streifen des Geflechts ein und schiebst es so lange, bis es rundherum verläuft.

8. Schaffe den Platz für das Lampenkabel, indem du am oberen Ende des Lampenschirms ein für das Kabel ausreichend großes Loch ausschneidest.

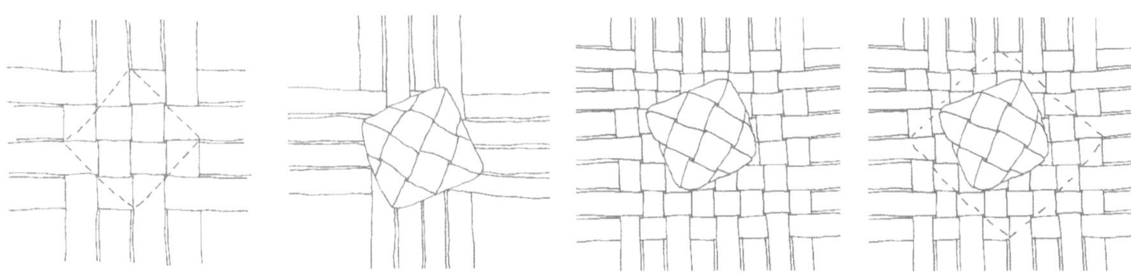

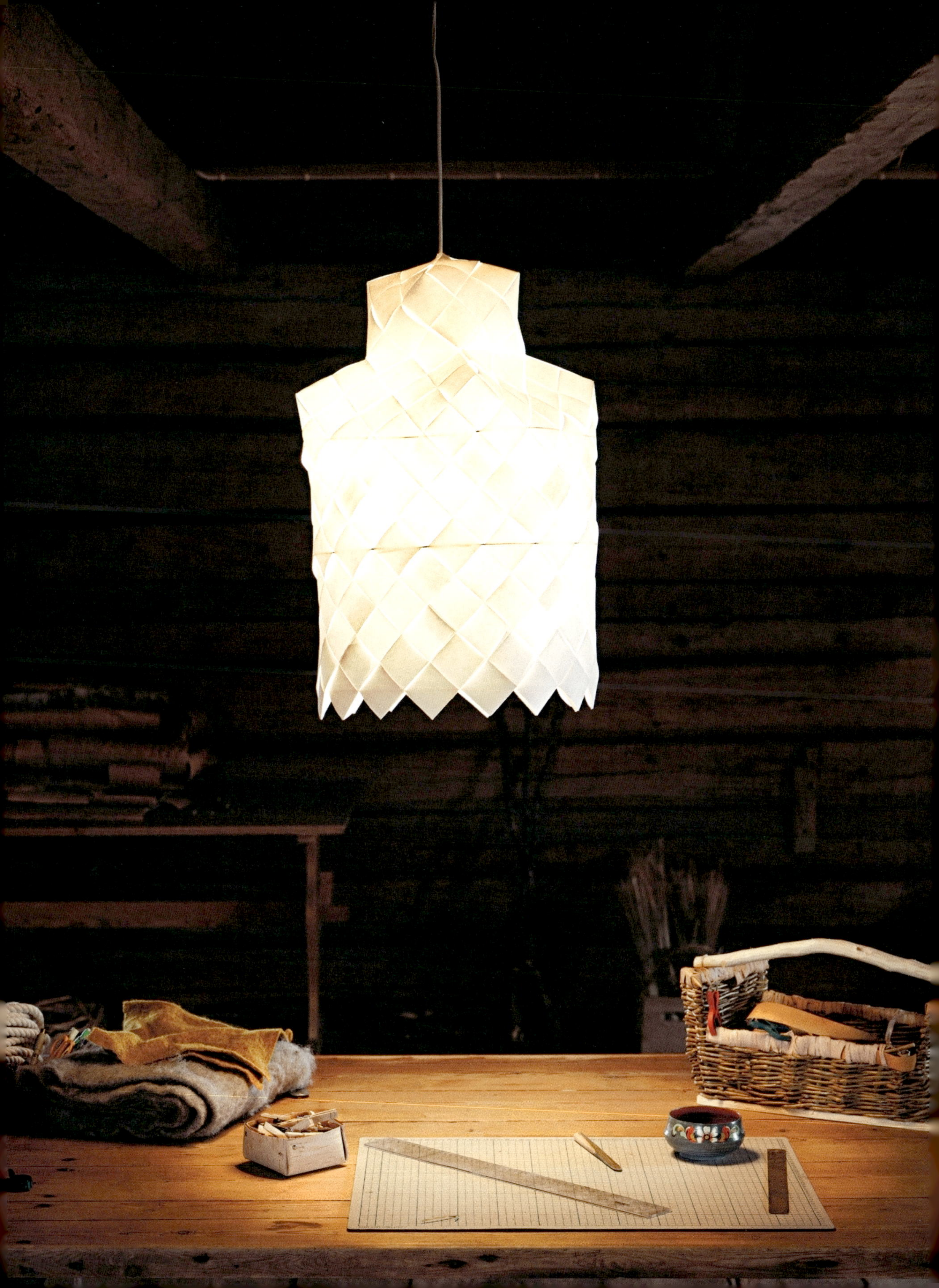

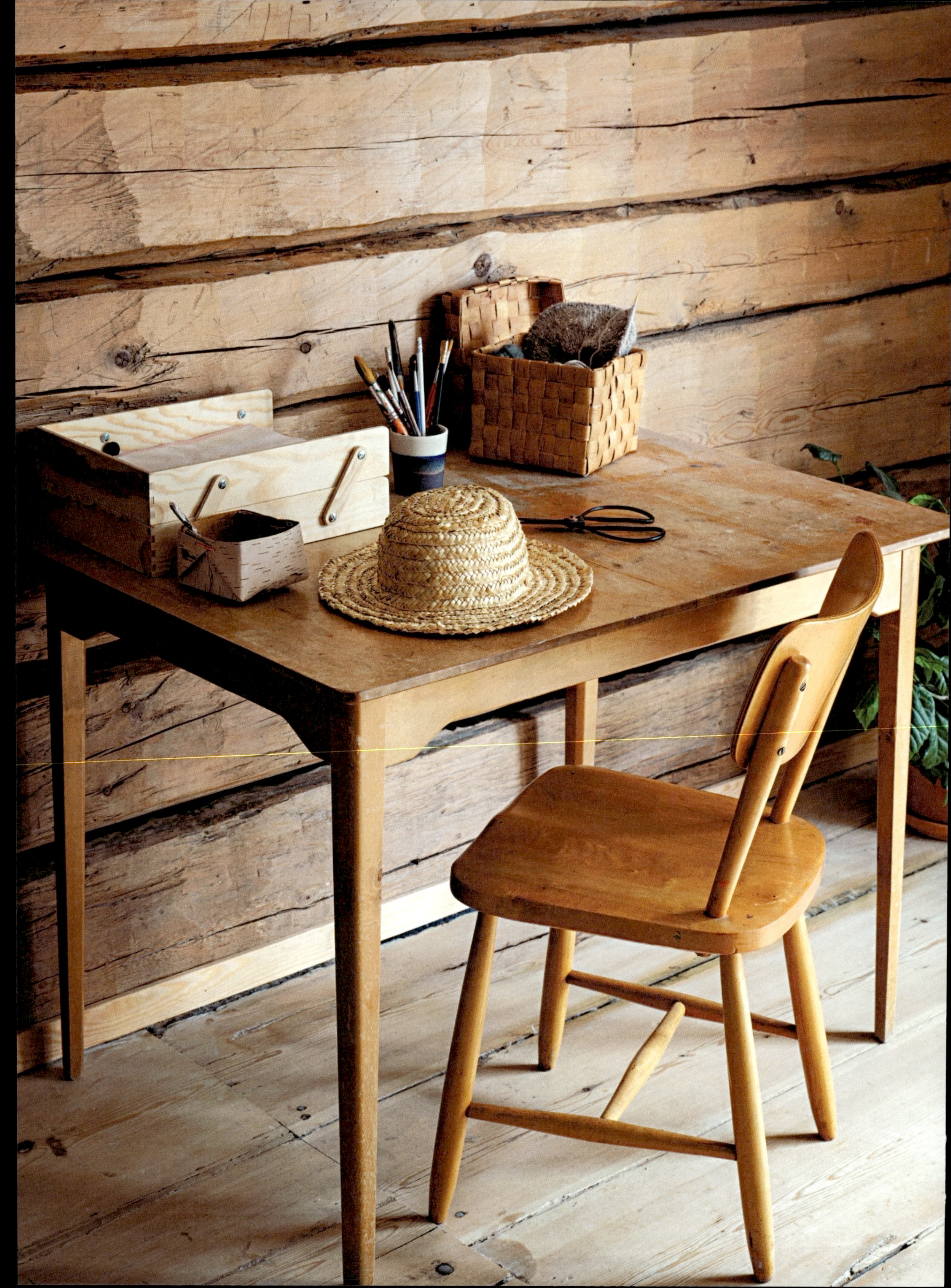

STROHHUT

FLECHTBAND

Fast immer weiß man eine handwerkliche Leistung erst dann wirklich zu schätzen, wenn man sich selbst damit ausprobiert. Eine gute Gelegenheit dafür ergibt sich, wenn du für dich einen Strohhut anfertigst. Solche Kopfbedeckungen sind für wenig Geld erhältlich und zu billig, wenn man an die viele Zeit und Geduld denkt, die man für das Flechten braucht. Das Projekt beginnt mit dem Verflechten von Stroh zu einem ca. 10 m langen Band. Danach vernäht man es Stich für Stich zu einem Hut. Hier ist Mühe zu erwarten. Aber das Gefühl, das sich in dir ausbreitet, wenn du nach Stunden der Arbeit deinen selbstgemachten Strohhut aufsetzt, ist den Aufwand wert, das verspreche ich dir.

MATERIAL

Stroh,
Leinenfaden,
Baumwollband

WERKZEUG

Bottich, um das Stroh
darin einzuweichen,
Sprühflasche mit Wasser,
lange Nähnadel,
Nudelholz,
Schere

1. Zunächst das Stroh mit einer scharfen Schere von den Knoten befreien. Am besten nutzt du die längsten Halme fürs Flechten, aber du kannst mit kürzeren testen, wie dick dein Flechtband werden soll.

2. Damit das Stroh weich wird und sich gut verarbeiten lässt, solltest du es ca. 1 Stunde vorher in Wasser einweichen.

3. Dann fertigst du nach den Angaben auf Seite 32 das Flechtband an. Für einen Hut benötigt man ein ca. 10 m langes Band. Wenn du während des Flechtens eine kurze Unterbrechung brauchst, klemmst du das Ende mit einer Wäscheklammer fest und packst alles in ein feuchtes Handtuch. Fällt deine Pause länger aus, dann benötigst du diese Maßnahme nicht, stattdessen musst du das Geflecht wieder eine Weile in Wasser einweichen, damit es flexibel ist, sobald du weitermachen willst.

4. Sobald du ca. 5 m geflochten hast, kannst du mit dem Nähen der Hutkrone beginnen. Später flechtest du dort weiter und nur so weit wie nötig. Du musst nicht mehr Material verarbeiten, als für deinen Hut erforderlich ist. Vor dem Zusammennähen ist es sinnvoll, das Flechtband auf einer harten Unterlage mit einem Nudelholz flach zu pressen.

5. Es ist wichtig, dass das Flechtband bei der Verarbeitung feucht und damit flexibel ist, deshalb besprühe es bei der Arbeit gelegentlich mit lauwarmem Wasser. Miss ca. 5 cm vom Bandbeginn ab und wickle den Rest ein. Nähe mit Leinenfaden, indem du unsichtbare, außen kurze und innen lange Stiche machst. Wickle das Flechtband weiter ab und nähe es fest. Verwende Wäscheklammern, um die Form der Wickelung zu bewahren. Wenn du ungefähr zwei Runden genäht hast, kannst du die bisher fertige Form noch einmal auf einer harten Unterlage mit dem Nudelholz pressen.

6. Flechte die Hutkrone weiter, bis sie groß genug ist, hier sind es ca. 10 cm in der Breite. Den Hut am besten immer wieder anprobieren (lassen), während die Krempe geflochten wird. Jetzt muss man das Material beim Nähen und Flechten viel formen. Die Arbeit feucht halten und den Hut formen und pressen, während genäht wird. Wenn man das Flechtband beim Nähen dehnst, wird die Form kleiner, drückt man es zusammen, wird sie größer. Wenn es professionell sein soll, kann man alles an einer Hutform pressen, aber das ist nicht nötig.

7. Sobald die Hutkrone fertig ist, drückst du beim Nähen das Flechtband zusammen. Dadurch wird der Hut breiter und die Krempe nimmt Form an. Bei mir misst sie 7 cm, aber du solltest den Hut aufprobieren, um die für dich passende Größe zu finden. Schließlich legst du das Flechtbandende unter die

vorige Runde und nähst es über alle Bänder fest. Es ist ideal, wenn es an der hinteren Mitte aufhört, wo man es am wenigsten sieht. Dämpfe und presse den Hut und schneide eventuell noch herausstehende Halme ab.

8. Es steht dir frei, ein Schweißband einzunähen, damit der Hut angenehmer zu tragen ist und du ihn leichter reinigen kannst. Miss den Hutumfang ab, näh das Baumwollband aneinander und dann mit unsichtbaren Stichen im Hutinneren fest. Um es zu waschen, kannst du das Schweißband herausnehmen.

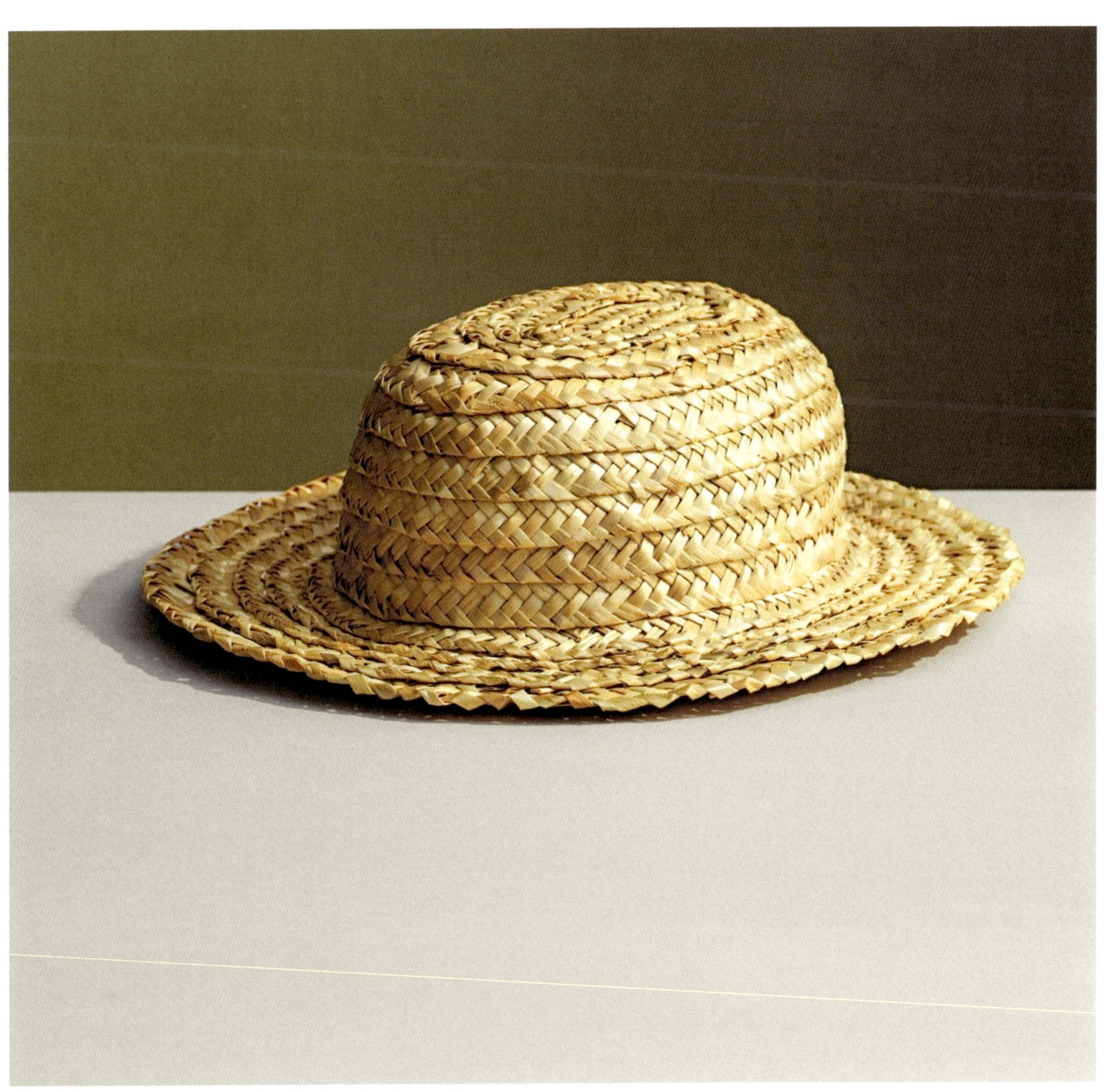

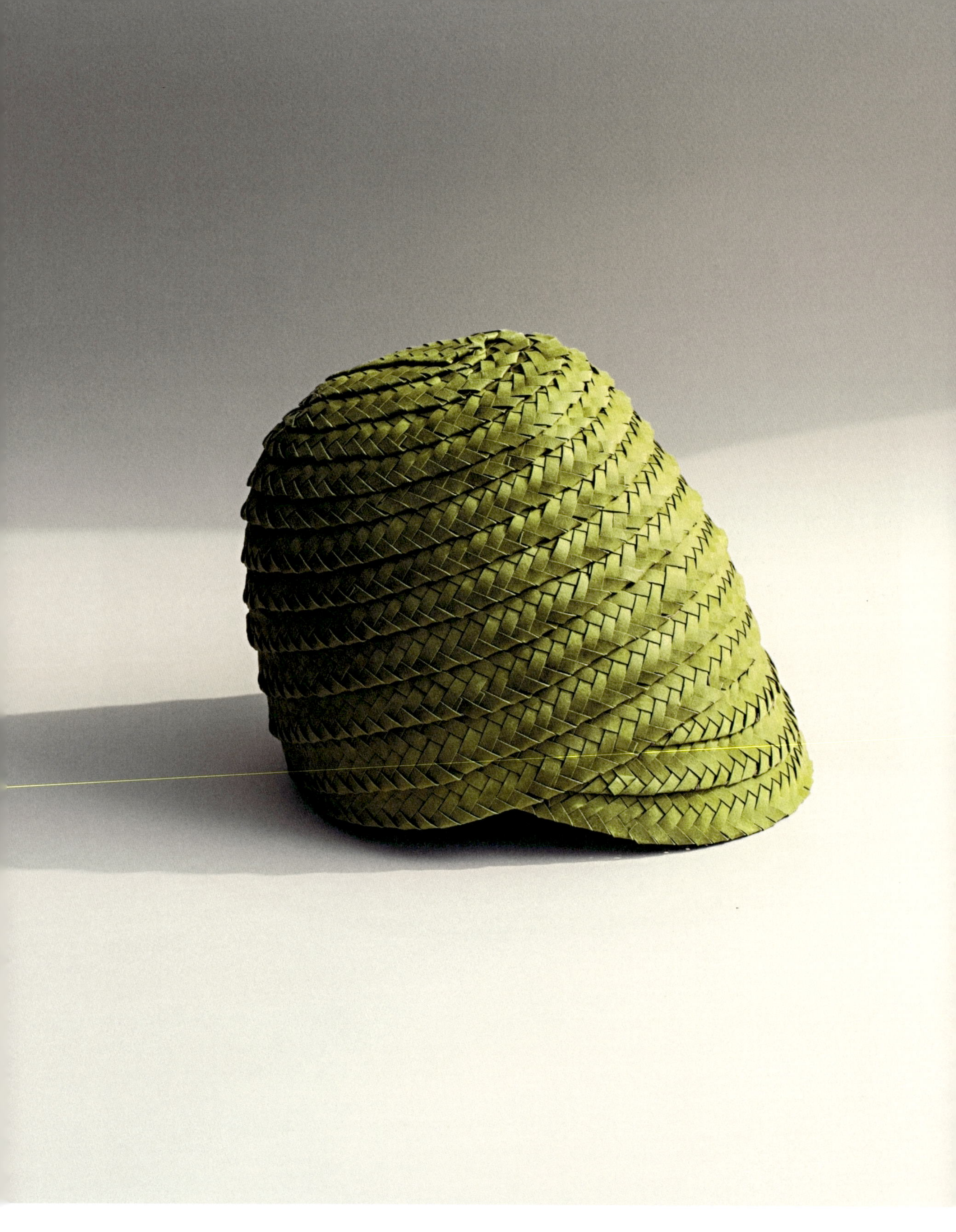

KAPPE AUS PAPIERLEDER

FLECHTBAND

Hier kommt ein witziges Vorhaben, für das du allerdings Zeit einplanen musst. Aber anders als viele andere Projekte in diesem Buch braucht es nicht viel Platz und du kannst es auch im Bus oder zu Hause auf dem Sofa bearbeiten. Die Kappe wird aus Papierleder geflochten, das aus Cellulose und Naturlatex hergestellt wird. Das Material fühlt sich wie Karton an, ist aber wasserfest, und wenn du es beim Flechten befeuchtest, ist es weich, geschmeidig und leicht zu verarbeiten, genau wie Leder. Wenn du es vorziehst, kannst du natürlich stattdessen auch Stroh nehmen. Die Technik basiert auf einem Flechtband, das dann von oben nach unten zusammengenäht wird. Das Modell der Kappe kann genau wie der Hut deinem Geschmack angepasst werden, weil du die Form beim Nähen selbst bestimmst.

MATERIAL

1 Bogen Papierleder, 50 cm × 70 cm,
Leinenfaden,
1 Baumwollband, ca. 2 cm × 70 cm

WERKZEUG

Cutter,
Lineal,
Schere,
Nadel,
Sprühflasche,
Nudelholz,
Dampfbügeleisen

1. Zunächst wird das Papierleder in 0,5 cm breite Streifen geschnitten. Anschließend nach den Angaben auf Seite 32 mit dem Flechten des Bands beginnen. Für einen Hut ohne Krempe braucht man einen ca. 5 m langen Streifen. Indem du das Papierleder beim Flechten mit lauwarmem Wasser besprühst und feucht hältst, fällt dir die Verarbeitung leichter. Man kann aber auch mit trockenen Streifen flechten. Probiere aus, was für dich am besten funktioniert.

2. Sobald du ca. 3 m Flechtband angefertigt hast, beginnst du mit dem Nähen der Kappe. Später arbeitest du dort weiter, wo du aufgehört hast, und nur so weit wie nötig. Du musst nicht mehr Material verarbeiten, als für deinen Hut erforderlich ist. Vor dem Zusammennähen wird das Flechtband auf einer harten Unterlage mit einem Nudelholz gepresst.

3. Es ist wichtig, das Flechtband feucht zu halten, besprühe es also mit lauwarmem Wasser oder dämpfe es mit dem Bügeleisen. Miss ca. 5 cm vom Bandbeginn ab und wickle den Rest ein. Nähe mit Leinenfaden, indem du unsichtbare, außen kurze und innen lange Stiche machst. Wickle das Flechtband weiter ab und nähe es fest. Verwende Wäscheklammern, um die Form der Wickelung zu bewahren. Wenn du ungefähr zwei Runden genäht hast, dann kannst du die bisher fertige Form noch einmal auf einer harten Unterlage mit dem Nudelholz pressen.

4. Setze das Flechten der Hutkrone fort, bis sie hoch genug ist, bei mir sind es ca. 10 cm. Miss an der Person, für die die Kappe bestimmt ist, damit sie passt. Forme und presse die Kappe mit den Händen, während du nähst. Wenn du das Flechtband beim Nähen dehnst, wird die Form kleiner, drückst du es zusammen, wird sie größer.

5. Wenn die Hutkrone fertig ist, legst du das Ende des Flechtbands unter die vorige Runde und nähst es über alle Bänder hinweg fest. Am besten sieht es aus, wenn man an der hinteren Mitte aufhört, wo es am wenigsten sichtbar ist.

6. Der Schirm wird getrennt geflochten und anschließend angenäht. Falls du noch Band von der Krone übrighast, dann nutze es. Ansonsten beginnst du mit einem neuen Flechtband; du benötigst ca. 90 cm. Zeichne die Schablone auf Karton oder ein anderes festes Material ab und schneide sie aus.

7. Beginne ganz außen am Schirm, miss ab, wie viel Flechtband du für die äußere Kante der Schablone benötigst und schneide es ab. Gib an den Enden ein paar Zentimeter zu. Halte das Flechtband feucht, lege es hin und forme es nach der Außenkante der Schablone. Befestige es mit Wäscheklammern daran. Wiederhole dein Vorgehen für das nächste Stück Streifen, leg es überlappend auf das erste und nähe es mit unsichtbaren Stichen fest. Fahre fort, bis die Schablone vollständig bedeckt ist und entferne sie dann. Schneide die Enden der Bänder zu einer geraden Kante ab. Um sicherzugehen, dass sich das Geflecht an den Enden nicht auflöst, kannst du es mit der Nähmaschine fixieren.
8. Miss die Mitte der Kappe ab und befestige den Schirm mit zwei Wäscheklammern. Näh ihn mit unsichtbaren Stichen an. Du kannst ein Schweißband befestigen, damit die Kappe angenehmer zu tragen ist und du sie leichter reinigen kannst. Miss den Umfang ab, näh die Enden des Baumwollbandes aneinander und dann das Band mit unsichtbaren Stichen in der Kappe fest. Um es zu waschen, kannst du das Schweißband herausnehmen.

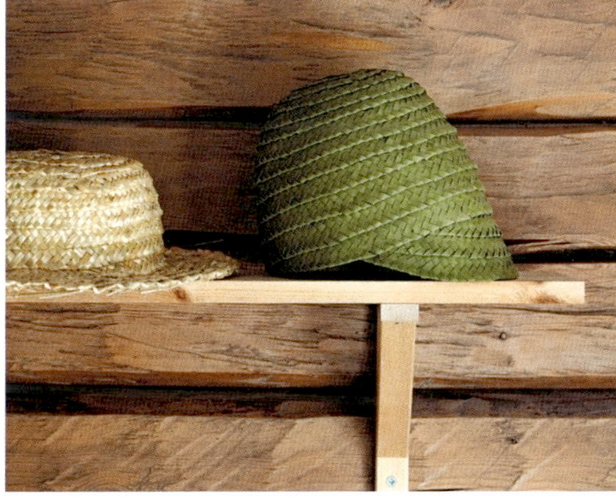

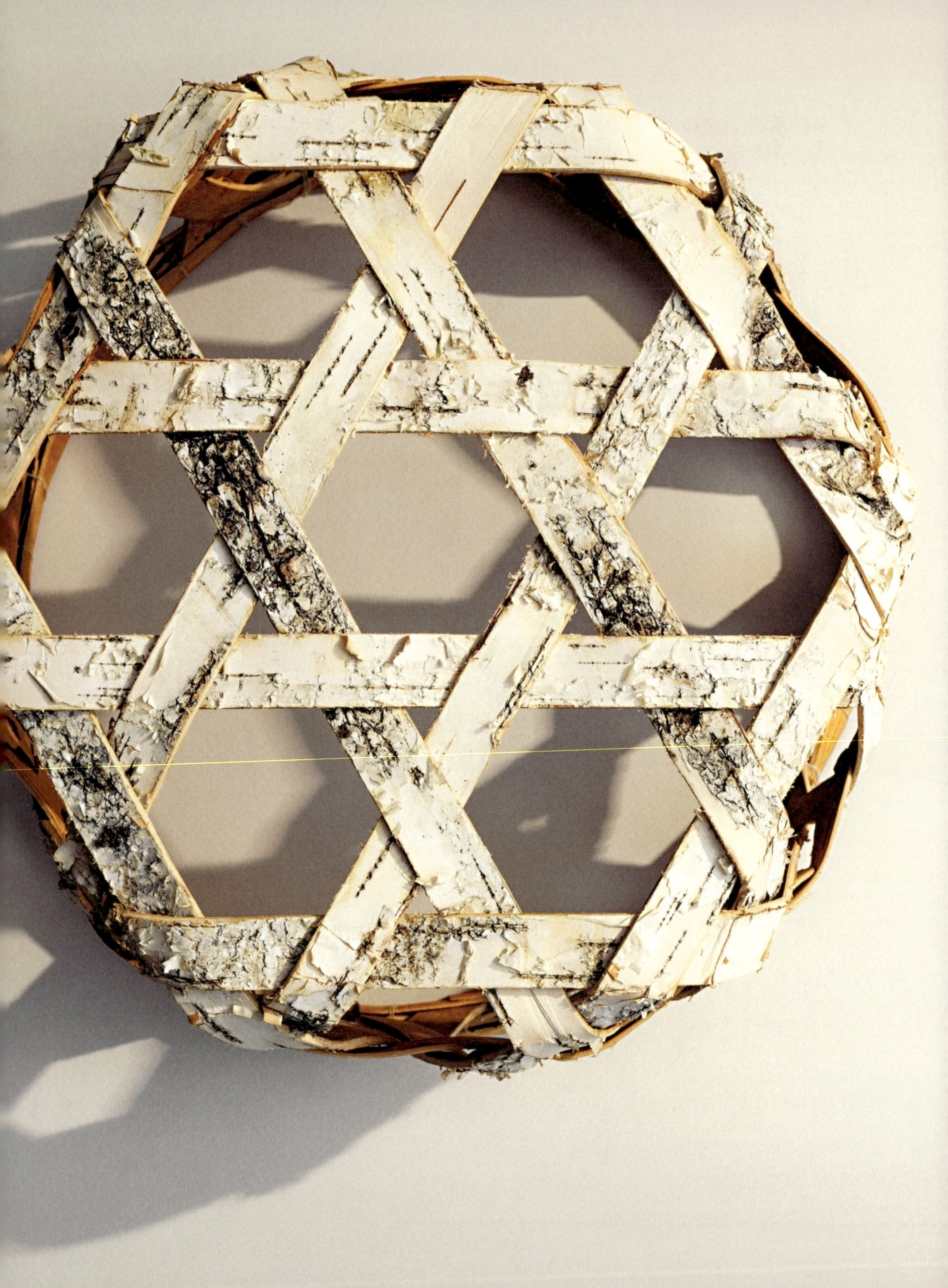

SECHSECKKORB AUS BIRKENRINDE

SECHSECKGEFLECHT

In Teilen Asiens kommen Körbe in dieser Form häufig vor. Sie sind meistes aus lokalen Materialien wie Rattan oder Bambus gefertigt, die perfekt zu dieser Technik passen, bei der die Flechtelemente lang und biegsam sein müssen. Doch statt Flechtgut von der anderen Seite der Welt zu kaufen, habe ich bei diesem Projekt ungeschälte Birkenrinde verwendet. Sie ist stabil genug, um die Struktur des offenen Sechseckgeflechts zu halten, außerdem ist die weiße Rinde ein hübsches Detail. Die Größe lässt sich variieren, aber die Streifen müssen lang genug sein, um für Boden und Seiten zu reichen. Wenn du einen größeren Korb flechten möchtest, könntest du zwei Bahnen mit etwas Leinenfaden aneinandernähen.

MATERIAL

14 Streifen Birkenrinde, 3 cm × 50 cm,
2 Streifen für die Kante, 3 cm × 40 cm,
Leinenfaden oder gekochte Birkenrindenstreifen

WERKZEUG

Lineal,
Schere,
Messer,
Wäscheklammern

1. Zunächst 4 + 4 + 4 Streifen nach den Anweisungen für ein Sechseckgeflecht auf Seite 36 auslegen. An den Kanten mit Wäscheklammern fixieren.

2. Ausgehend von der Geflechtkante biegst du die herausstehenden Streifen gerade nach oben, um die Seitenwände zu beginnen. Ab jetzt arbeitest du von der Außenseite, sodass die Reihenfolge der verkreuzten Bahnen umgekehrt aussieht.

3. Nimm einen neuen Streifen und flechte ihn über und unter den Seitenstreifen ein, und zwar genau über der Stelle, an der sich die Bahnen treffen. Der neue Streifen verläuft in einem Ring rund um den gesamten Korb und trifft schließlich dort, wo du angefangen hast, wieder auf sich selbst. Leg die Enden übereinander. Flechte über dem ersten einen weiteren Streifen auf dieselbe Weise ein.

4. Schließlich die diagonalen Bahnen 1 cm über dem Rand abschneiden, bieg sie nach innen und leg, wie auf Seite 36 beschrieben, 2 neue Bahnen rund um die Kante. Hier habe ich Streifen aus Birkenrinde verwendet, aber du kannst auch anderes Material nutzen, das du zur Hand hast. Befestige die Kantenstreifen, indem du sie mit einem dickeren Leinenfaden festnähst oder mit gekochtem Birkenrindenband, wie auf Seite 39 beschrieben, umwickelst.

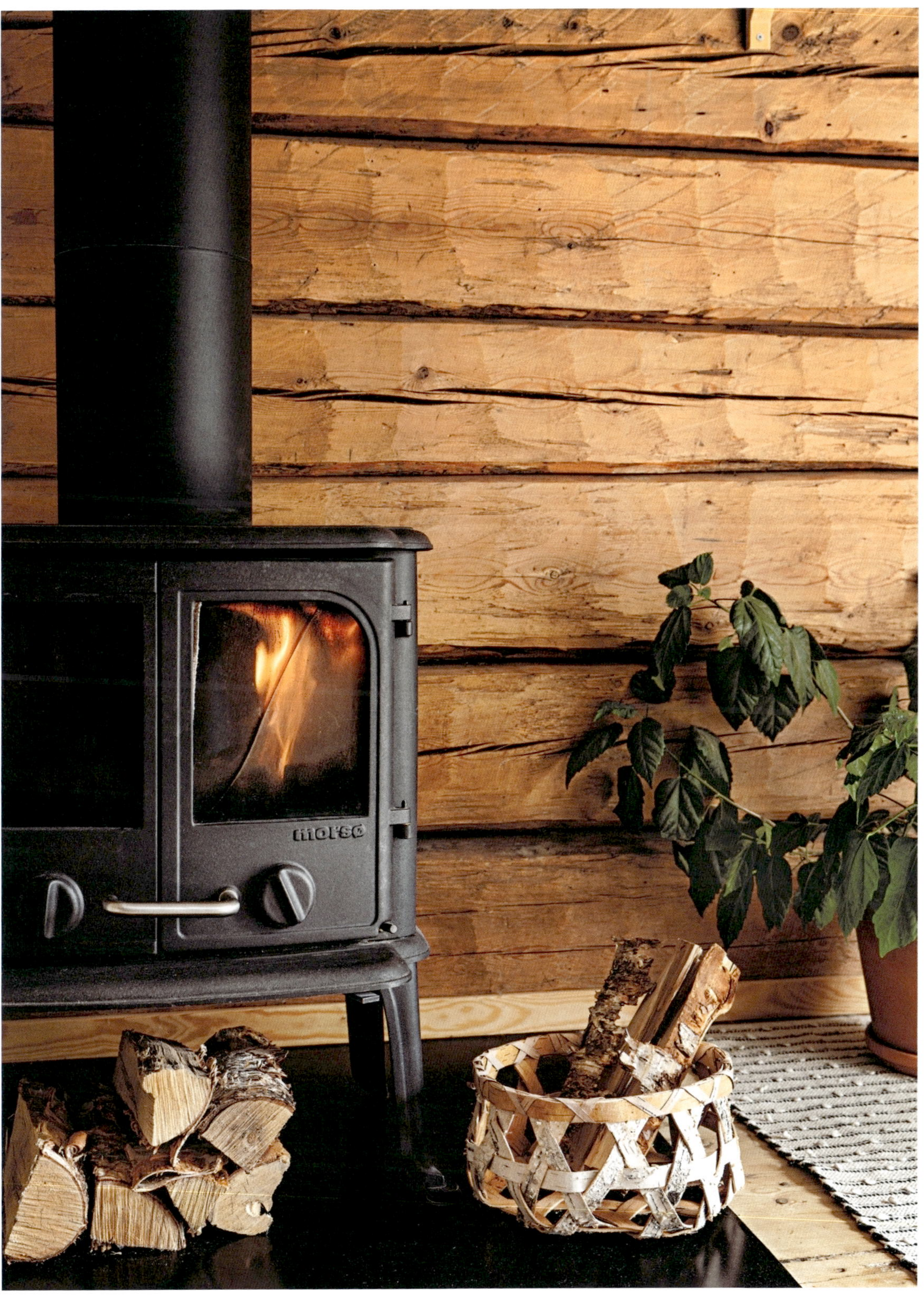

Sechseckkorb aus Birkenrinde

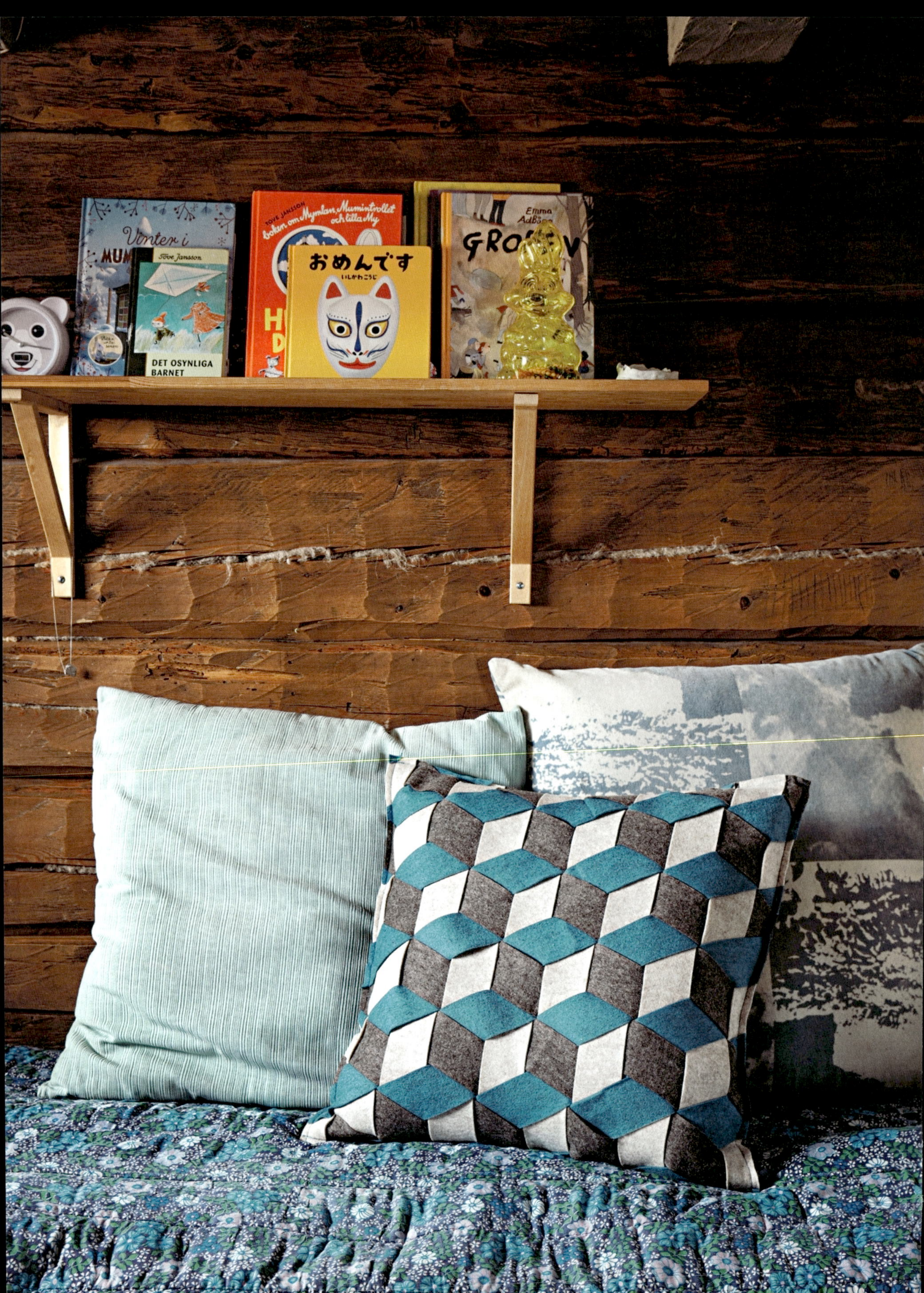
Tove Jansson
DET OSYNLIGA BARNET
Boken om Mymlan, Mumintrollet och lilla My
おめんです
Emma Adbåge

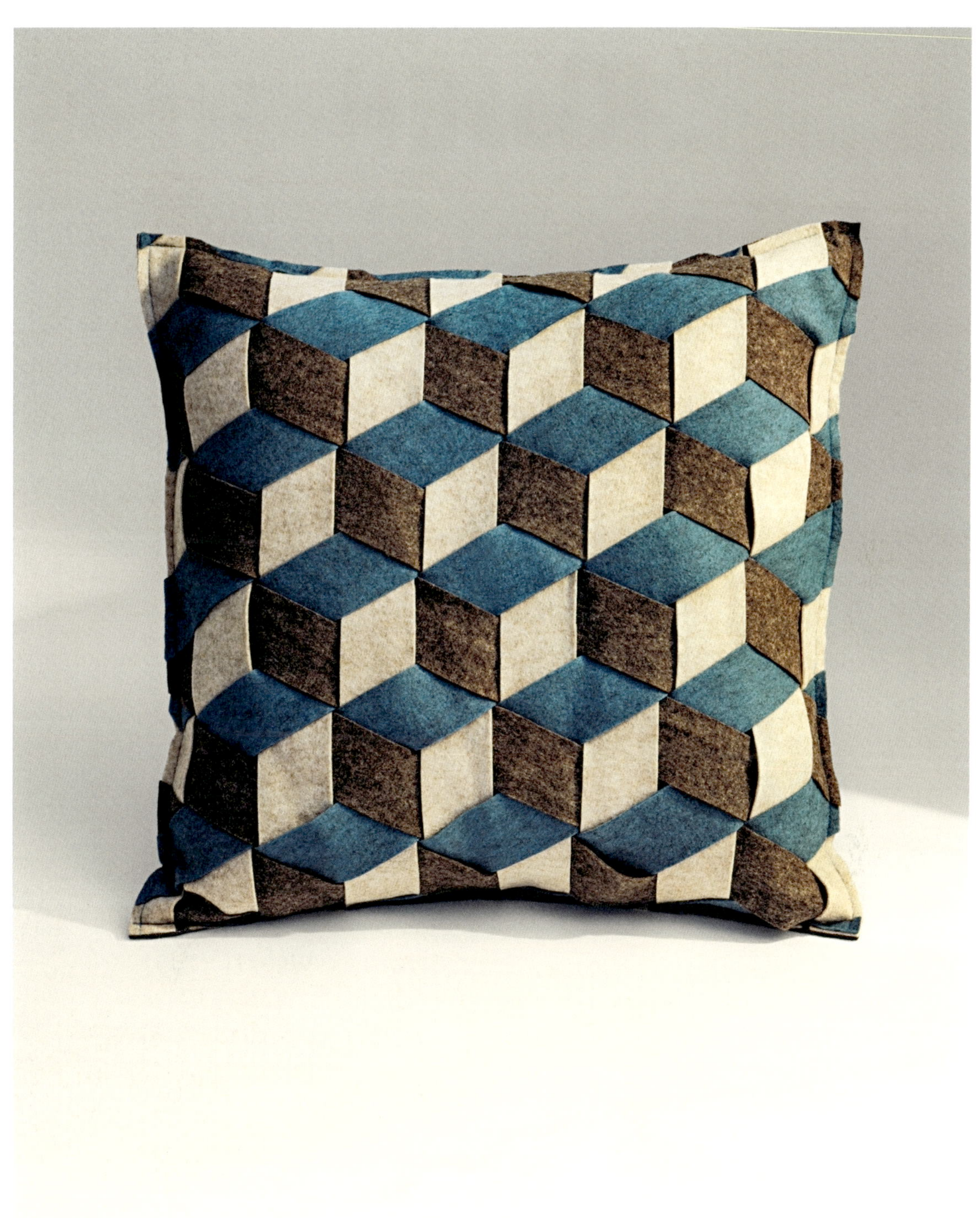

Kissen

KISSEN

TRIAXIALGEFLECHT

Die Technik, mit der dieses Kissen geflochten wurde, nennt sich *Mad Weave*. Sechseckgeflechte kommen nach dem gleichen Prinzip zustande, das heißt, das Material wird in drei unterschiedlichen Richtungen verflochten, ein sogenanntes Triaxialgeflecht. In diesem Fall werden die Streifen eng verarbeitet, damit keine Lücken entstehen. Durch die dichte Struktur kann eine optische Illusion geschaffen werden, vorausgesetzt man verwendet verschiedene Farben. Das Muster des Kissens ist ein gutes Beispiel dafür und heißt *Tumbling Blocks*. Der vordere Teil des Kissens ist geflochten. An dieses Geflecht wird eine Rückseite angenäht. Ich habe bei diesem Projekt Wollfilz genutzt, aber man kann genauso gut andere Textilien verwenden. Vergiss nur nicht, dass du die Kanten eventuell versäubern muss, damit sie nicht ausfransen.

MATERIAL

30 Wollfilzstreifen in 3 Farben
(je 10 pro Farbe),
10 cm × 70 cm,
Stoff für die Rückseite,
2 cm × 40 cm × 65 cm

WERKZEUG

Schere,
Stecknadeln,
Nähmaschine

1. Zunächst 10 Streifen in einer Farbe senkrecht nahe beieinander auslegen.

2. Dann folgen die Bahnen in der zweiten Farbe. Einen Streifen diagonal in die senkrechten einflechten. Den Streifen dabei abwechselnd über über einen und unter zwei Streifen hindurch flechten. Richte den zweiten Streifen so aus, dass er in einem 30°-Winkel zum ersten liegt. Die restlichen Bahnen wie in der Illustration gezeigt einflechten. Die Enden mit Stecknadeln fixieren.

3. Die Bahnen in der dritten Farbe ebenfalls in einem 30°-Winkel einarbeiten. Doch diese verlaufen in die andere Richtung. Sie werden abwechselnd unter einen und über zwei Streifen hindurchgeführt. Ihre Einarbeitung ist wahrscheinlich knifflig, weil sie zwischen die anderen Schichten hindurchgezogen werden müssen. Benutze ein flaches Werkzeug als Hilfe, es muss nichts Spezielles sein. Ein normales Tafelmesser reicht aus, wenn man damit die Bahnen der dritten Farbe zwischen die anderen beiden einschieben kann. Verflechte die restlichen Streifen wie in der Illustration gezeigt. Fixiere wieder die Enden mit Stecknadeln.

4. Um das Geflecht zu stabilisieren, nähst du alle Streifenenden rundherum mit der Nähmaschine fest. Denke daran, alle Stecknadeln vorher zu entfernen.

5. Wenn du die Rückseite überlappend nähst, kannst du das Kissen leicht in den Bezug stecken oder herausnehmen. Die beiden rückwärtigen Teile überlappend rechts auf rechts auf das Vorderteil legen und zusammennähen. Alles auf rechts wenden und ein Kissen hineinstecken.

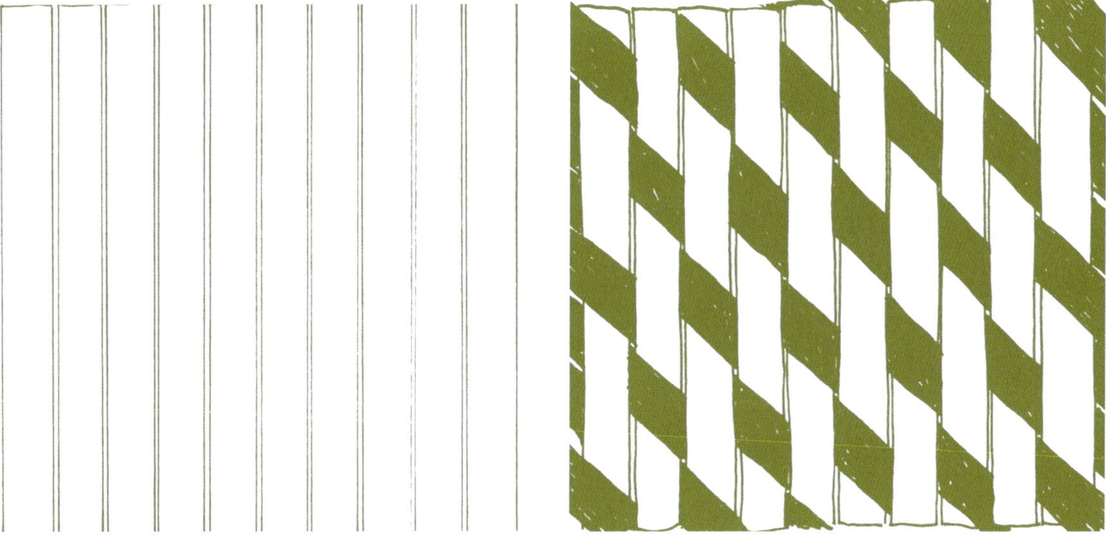

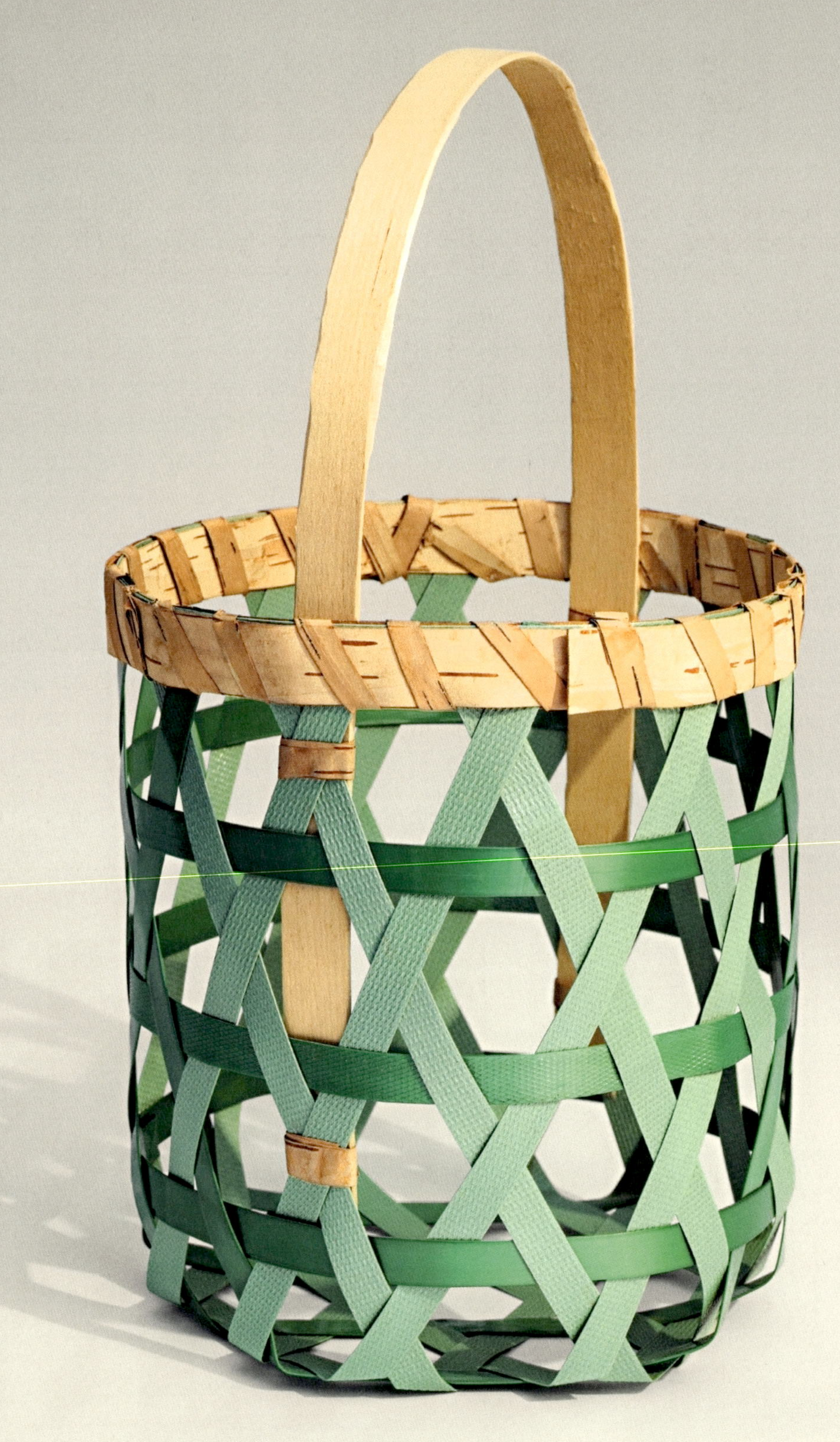

MAN-NIMMT-WAS-MAN-HAT-KORB

SECHSECKGEFLECHT

Wenn wir etwas mit den Händen erschaffen, egal, ob wir das nun werken, basteln, handarbeiten oder designen nennen, versuchen wir, den Prozess zu kontrollieren, indem wir auswählen, mit welchen Materialien, Farben und in welcher Größenordnung wir arbeiten möchten. Ich finde, es ist eine nützliche, aber vor allem kreative Herausforderung, den Ablauf gelegentlich umzukehren und mit den Werkstoffen anzufangen, die man gerade zur Hand hat, auch wenn sie nicht die erste Wahl sind. Wie bei diesem Beispiel, bei dem ich von weggeworfenem Plastikpackband und einem Rest Birkenrinde und -span ausgegangen bin. Das Ergebnis ist ein bunter, hexagonal geflochtener Korb mit Griff. Wie wird deiner aussehen?

MATERIAL

13 Streifen Flechtmaterial,
mindestens 80 cm lang,
2 Kantenstreifen,
gekochtes Birkenrindenband,
Birkenholzspan

WERKZEUG

Schere,
Wäscheklammern,
eventuell Dampfkiste

1. Zunächst 3 + 3 + 3 Streifen gemäß den Angaben für ein Sechseckgeflecht auf Seite 36 auslegen. Mit Wäscheklammern fixieren.

2. Ausgehend von der Kante des Geflechts biegst du die herausstehenden Streifen gerade nach oben, um die Umrandung zu beginnen. Ab jetzt arbeitest du von der Außenseite, sodass die Reihenfolge der verkreuzten Streifen umgekehrt aussieht.

3. Nimm einen neuen Streifen und flechte ihn über und unter den Seitenstreifen ein, genau über der Stelle, an der sich die stehenden Bahnen begegnen. Der neue Streifen verläuft in einem Ring rund um den gesamten Korb und trifft schließlich dort, wo du angefangen hast, auf sich selbst. Leg die Enden übereinander. Flechte darüber 4 weitere Streifen auf dieselbe Weise ein.

4. Schließlich die diagonalen Bahnen 1 cm über dem Rand abschneiden. Biege sie nach innen und leg 2 neue Bahnen rund um die Kante, wie auf Seite 36 gezeigt, an. Hier habe ich Streifen aus Birkenrinde verwendet. Du kannst gerne anderes Material verwenden, das dir zur Verfügung steht. Befestige die Kantenstreifen, indem du sie, wie auf Seite 39 erläutert, mit gekochtem Birkenrindenband umwickelst. Du kannst sie auch mit einem dickeren Faden annähen.

5. Für den Griff habe ich Birkenspäne genutzt, die in meiner Werkstatt herumlagen. Um den Span in Form zu biegen, sollte man ihn im Dampf erhitzen. Dafür verwendet man eine Dampfkiste, in die man Wasserdampf leitet und in der das Material eine Weile liegen muss, bis es weich und biegsam geworden ist. Wenn Du keine Dampfkiste hast, macht das nichts, denn bei einem so kleinen Stück wie diesem Griff reicht es, den Span ca. 30 Minuten in warmes Wasser zu legen.

6. Biege das Material jetzt vorsichtig zu einem Bogen. Falls du eine Schablone dafür hast, ist das perfekt, ansonsten forme ihn Freihand. Halte den Span in Form, indem du die Enden mit einer Schnur zusammenknotest oder noch besser, indem du ihn mit einer Zwinge an die Schablone spannst. Lass das Material trocknen und befestige es dann am Korb, indem du gekochte Birkenrindenstreifen um den Griff und den Korb wickelst. Befestige die Enden mit etwas Holzleim.

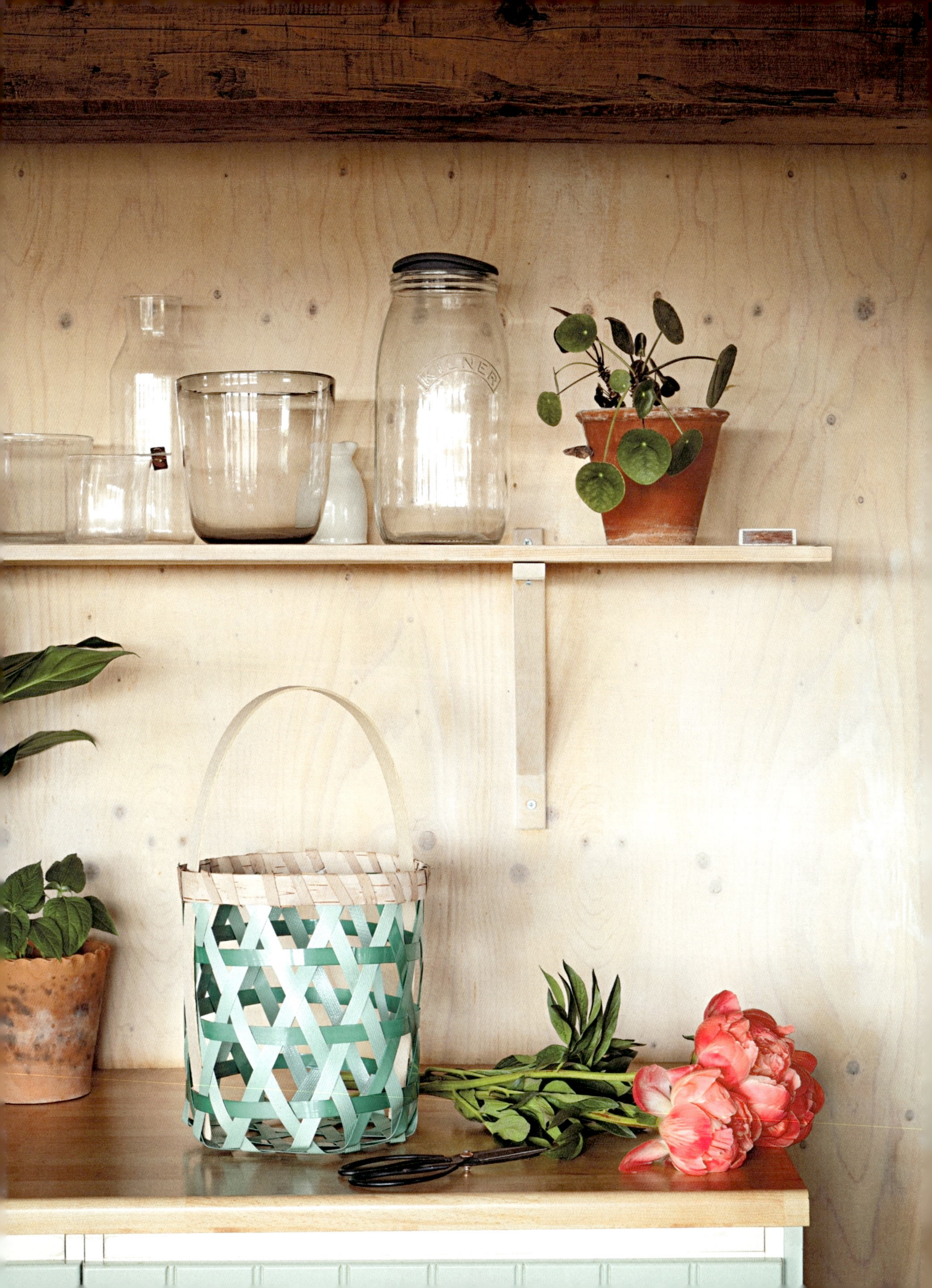
KILNER

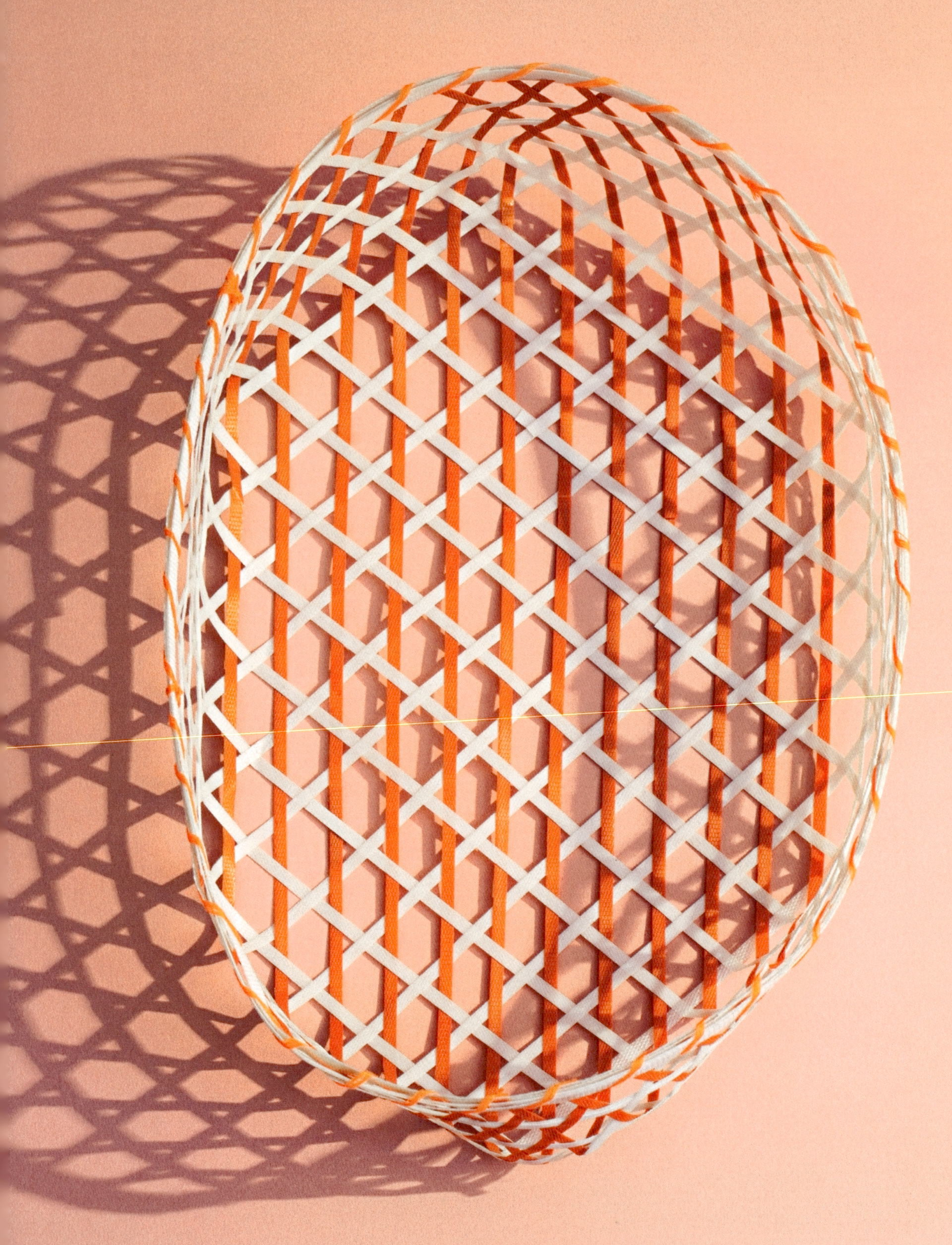

MUSTERHEXAGON

SECHSECKGEFLECHT

Dieser einfache Basiskorb in Sechseckgeflecht nutzt Plastikpackband als Flechtmaterial. Ich habe verschiedenfarbige Streifen verwendet, um die Wirkung zu variieren. Da Packband ein Restmaterial ist, habe ich die Farben verarbeitet, die gerade vorrätig waren, und allen Streifen, die in eine Richtung verlaufen, die gleiche Farbe gegeben. Wenn du willst, kannst du natürlich auch andere Muster erdenken. Falls du drei verschieden Farben zur Hand hast, wäre für jede der drei Richtungen eine eigene denkbar. Experimentiere mit dem Material, das dir zur Verfügung steht und probiere aus, was deiner Meinung nach am besten aussieht.

MATERIAL

ca. 50 Streifen Packband,
0,5 cm × 50 cm,
grobes Band

WERKZEUG

Schere,
Nadel,
Wäscheklammern

1. Zunächst 13 + 13 + 13 Streifen nach den Angaben für ein Sechseckgeflecht auf Seite 36 auslegen. Die 13 waagrechten Bahnen könnten eine andere Farbe haben als die restlichen.

2. Ausgehend von der Ecke des Geflechts biegst du die herausstehenden Streifen gerade nach oben, um die Seitenwände zu beginnen. Ab jetzt arbeitest du von der Außenseite, sodass die Reihenfolge der verkreuzten Streifen umgekehrt aussieht.

3. Nimm eine neue Bahn und führe sie über und unter den Randstreifen hindurch, genau über dem Punkt, an dem sich die Streifen treffen. Die neue Bahn verläuft in einem Ring rund um den gesamten Korb und trifft schließlich dort, wo du angefangen hast, wieder auf sich selbst. Leg die Enden übereinander. Flechte darüber 3 weitere Streifen auf dieselbe Weise ein.

4. Schließlich die diagonalen Bahnen 1 cm über der Kante abschneiden. Biege sie nach innen und leg 2 neue Bahnen rund um die Kante an, einen außen und einen innen. Mit Wäscheklammern fixieren. Den Kantenstreifen mit dem Band rund um den Rand annähen.

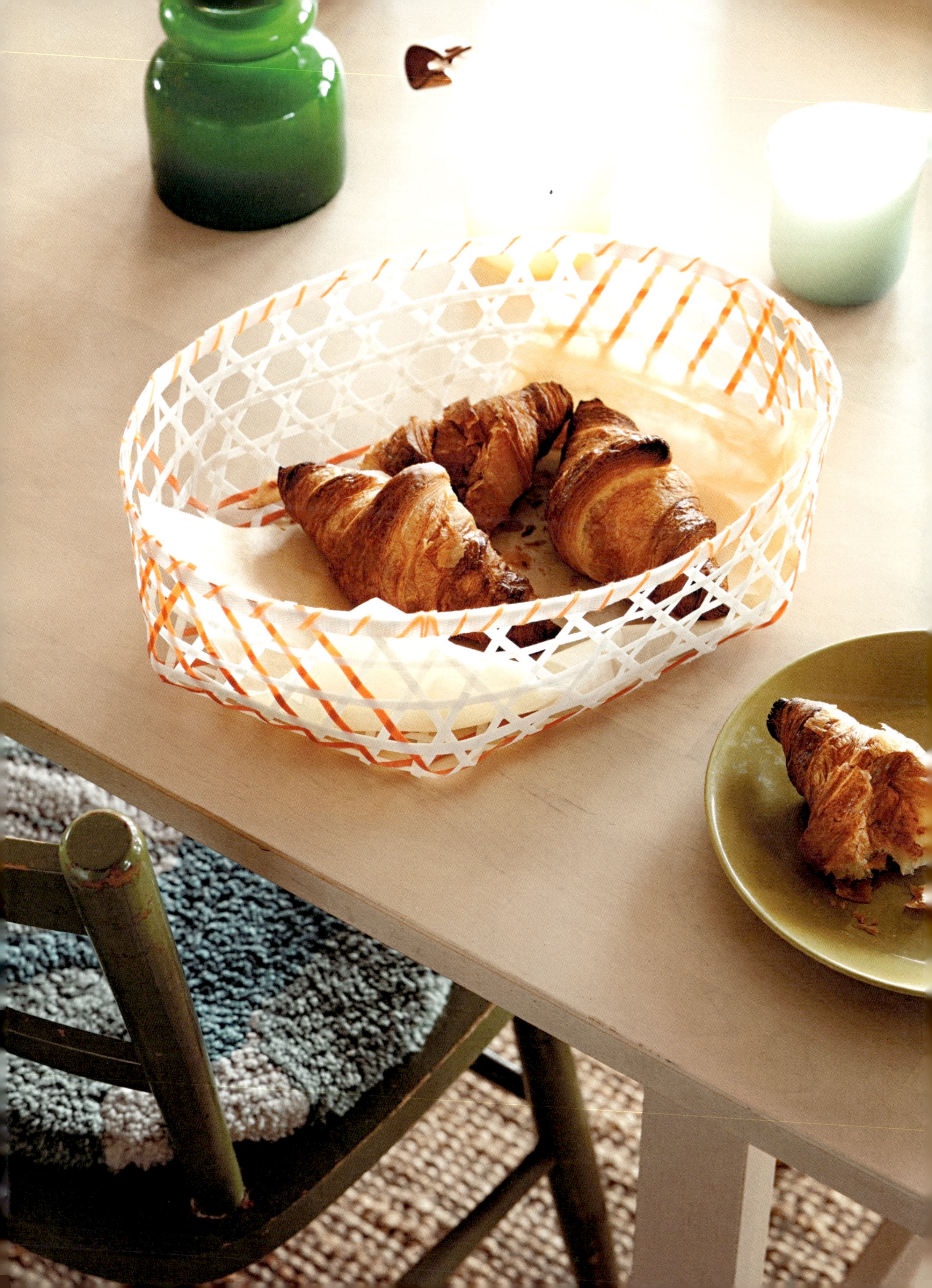

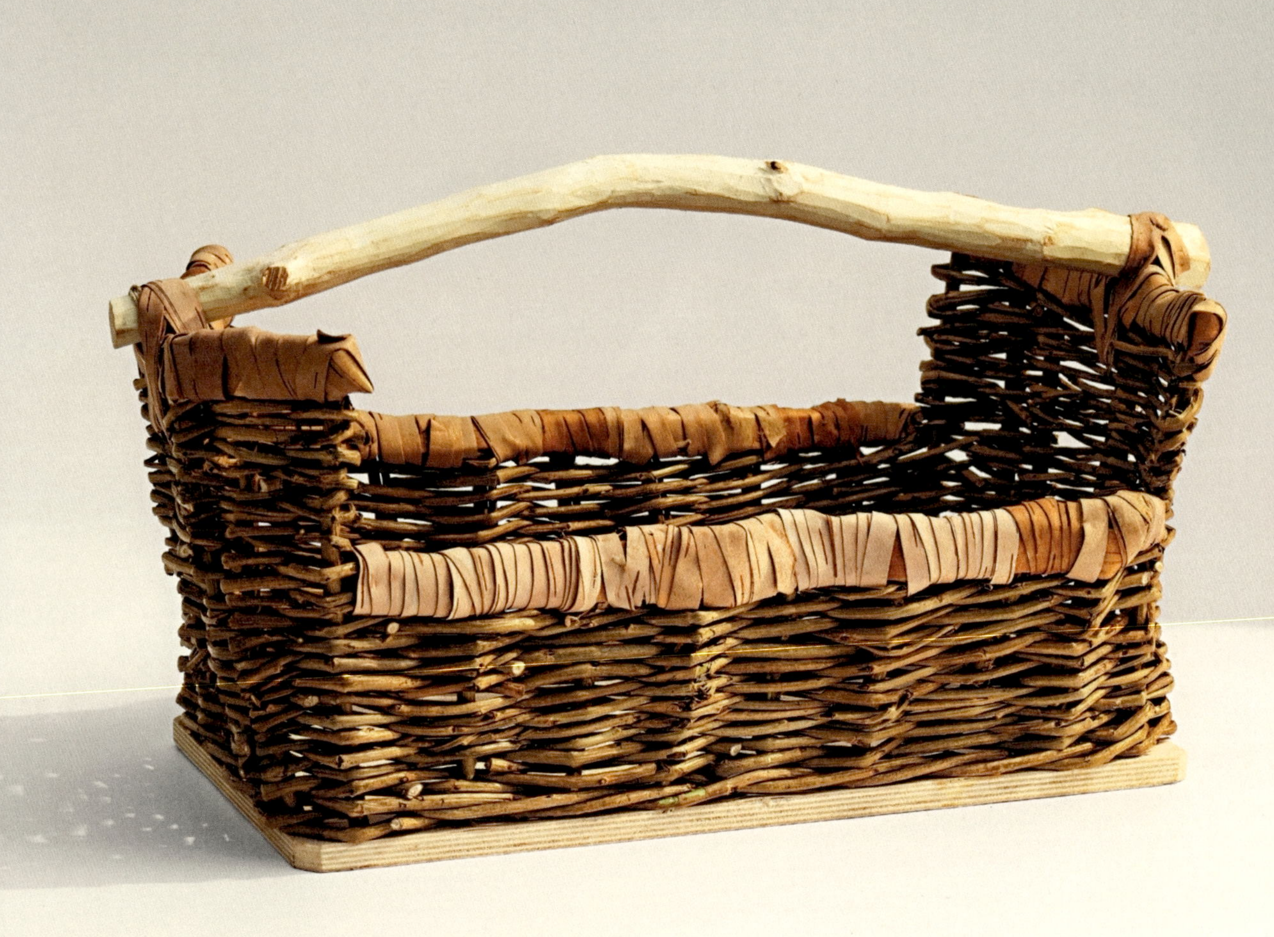

WERKZEUGKASTEN

KREUZGEFLECHT

Dieser Werkzeugkasten ist von Körben mit Holzboden inspiriert, die eine einfachere Flechtvariante darstellen, weil der Boden schon fertig ist. Das Geflecht bei diesem Kasten baut auf dem Zäunen auf, bei dem man drei Flechtelemente hat, Staken und zwei liegende Flechtruten, die zwischen den Staken kreuzend eingeflochten werden. Zum Flechten braucht man lange, dünne und flexible Ruten. Die Weide, die mir besonders geeignet scheint, ist die Salweide. Für die Staken benutzt man kräftige Stöcke, die möglichst gerade sein sollten.

MATERIAL

28 Staken z. B. aus Weide,
1 cm dick, ca. 20 cm lang,
ca. 50 dünne, flexible Flechtruten
z. B. aus Weide,
1 Holzboden, 2 cm dick,
20 cm breit und 35 cm lang,
1 Ast als Griff,
gekochte Birkenrindenstreifen

WERKZEUG

Säge,
Bohrer,
Schleifpapier,
Gartenschere,
Bastelmesser

1. Aus einem Brett den Boden zuschneiden. Er sollte ca. 2 cm dick, 35 cm lang und 20 cm breit sein. Zeichne die Form auf und markiere die Bohrlöcher mit ca. 2 cm Abstand. Danach bohrst du eine ungerade Anzahl Löcher in dem Durchmesser, der zu den Ruten passt. Säge die Ecken ab und glätte die Kanten mit einem Messer oder mit Schleifpapier.

2. Montiere die Stöcke, die beim Flechten die Staken werden. Achte darauf, dass sie gleich dick sind, ø ca. 10 mm, und schnitze die Enden so zu, dass sie in die Bohrlöcher passen. Gib einen Tropfen Holzleim in das Loch und drücke die Staken fest.

3. Jetzt geht's ans Flechten, und zwar als sogenanntes Zäunen gemäß den Angaben auf Seite 39. Man verwendet zwei Ruten, die einander beim Flechten kreuzen. An einer Seite beginnen und das dicke Ende der Rute hinter eine Stake ziehen, die nächste Rute genauso hinter die Stake nach rechts (oder nach links, wenn du Linkshänder bist) ziehen. Rute 1 verläuft nun vor einer Stake und hinter einer, danach fügt sich Rute 2 vor einer Stake und hinter einer ein. Um die ganze Kiste herum wiederholen. Wenn die Rute aufgebraucht ist, eine neue einflechten.

4. Flechte weiter rund um die Kiste herum, bis zur gewünschten Höhe der Längsseiten, bei mir sind das ca. 11 cm.

5. Nun wird an den kurzen Seiten des Werkzeugkastens weitergeflochten. Sie sollen höher werden als die Längsseiten. An einer kurzen Seite beginnen und genauso flechten wie vorher, allerdings anstatt rundherum geht es jetzt hin und her, sodass die Ruten sich um die Kanten der kurzen Seite legen. Bis zur gewünschten Höhe flechten, bei mir sind das ca. 22 cm. An der anderen kurzen Seite wiederholen.

6. Ich habe die Kanten des Werkzeugkastens mit gekochten Birkenrindenstreifen umwickelt. Am häufigsten wird ein Geflecht abgeschlossen, indem man die Staken hinunterbiegt und als Kante einflechtet. Bei der Werkzeugkiste habe ich allerdings so kräftige Staken verwenden, dass man sie kaum einflechten kann, ohne sie zu zerbrechen. Stattdessen habe ich die Staken auf Kantenhöhe mit der Gartenschere abgeschnitten und die Kanten dann, wie auf Seite 39 erklärt, mit gekochten Birkenrindenstreifen umwickelt.

7. Als Griff kannst du ein passendes Holzstück nutzen oder einen Rundstab oder, wie in meinem Fall, einen Ast, den ich im Wald gefunden habe. Säge das Holzstück passend zur Werkzeugkiste zu. Entferne die Rinde, falls du das möchtest. Befestige ihn dann an den kurzen Seiten der Kiste, indem du ihn mit gekochten Birkenrindenstreifen umwickelst.

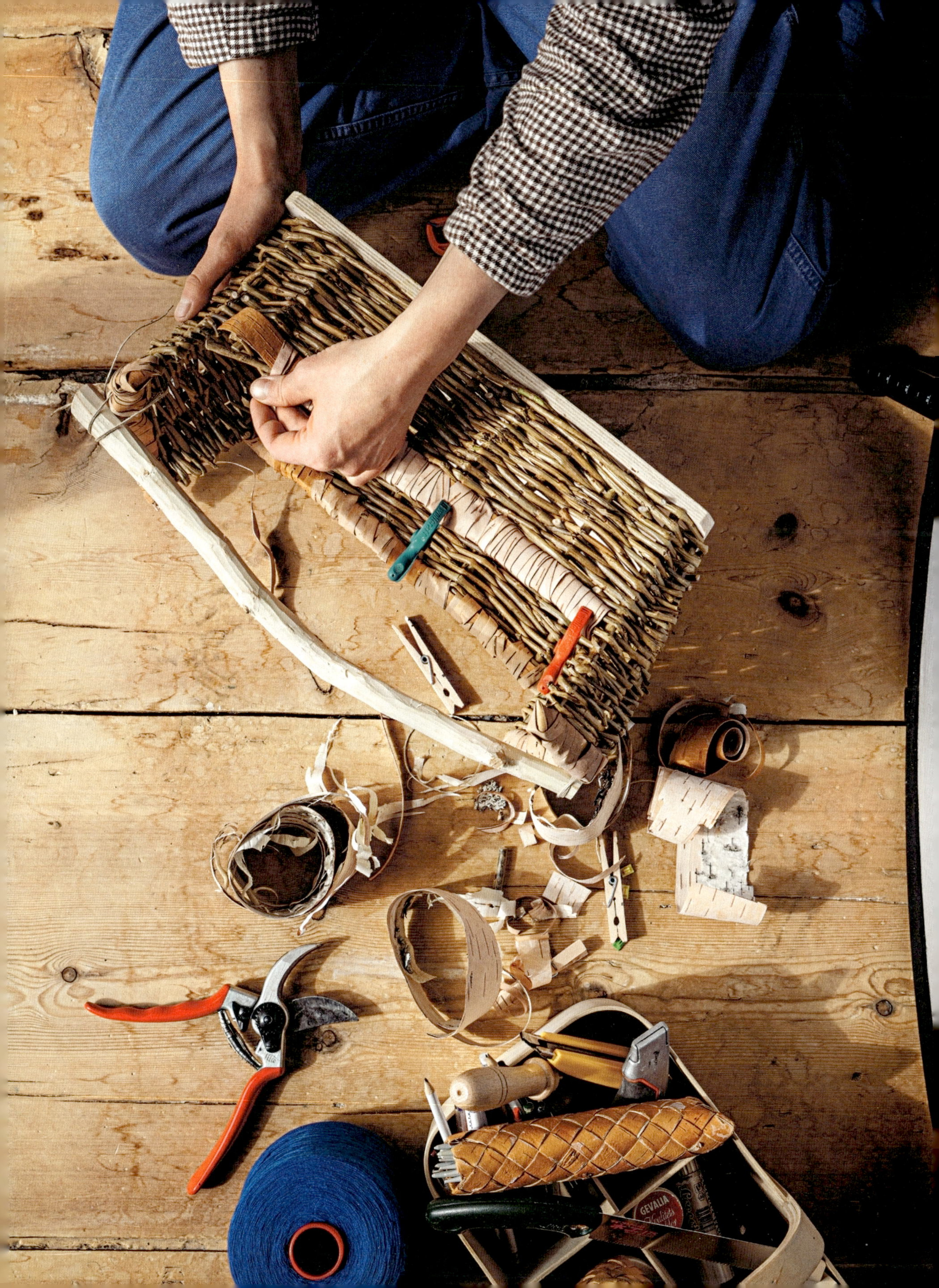
GEVALIA

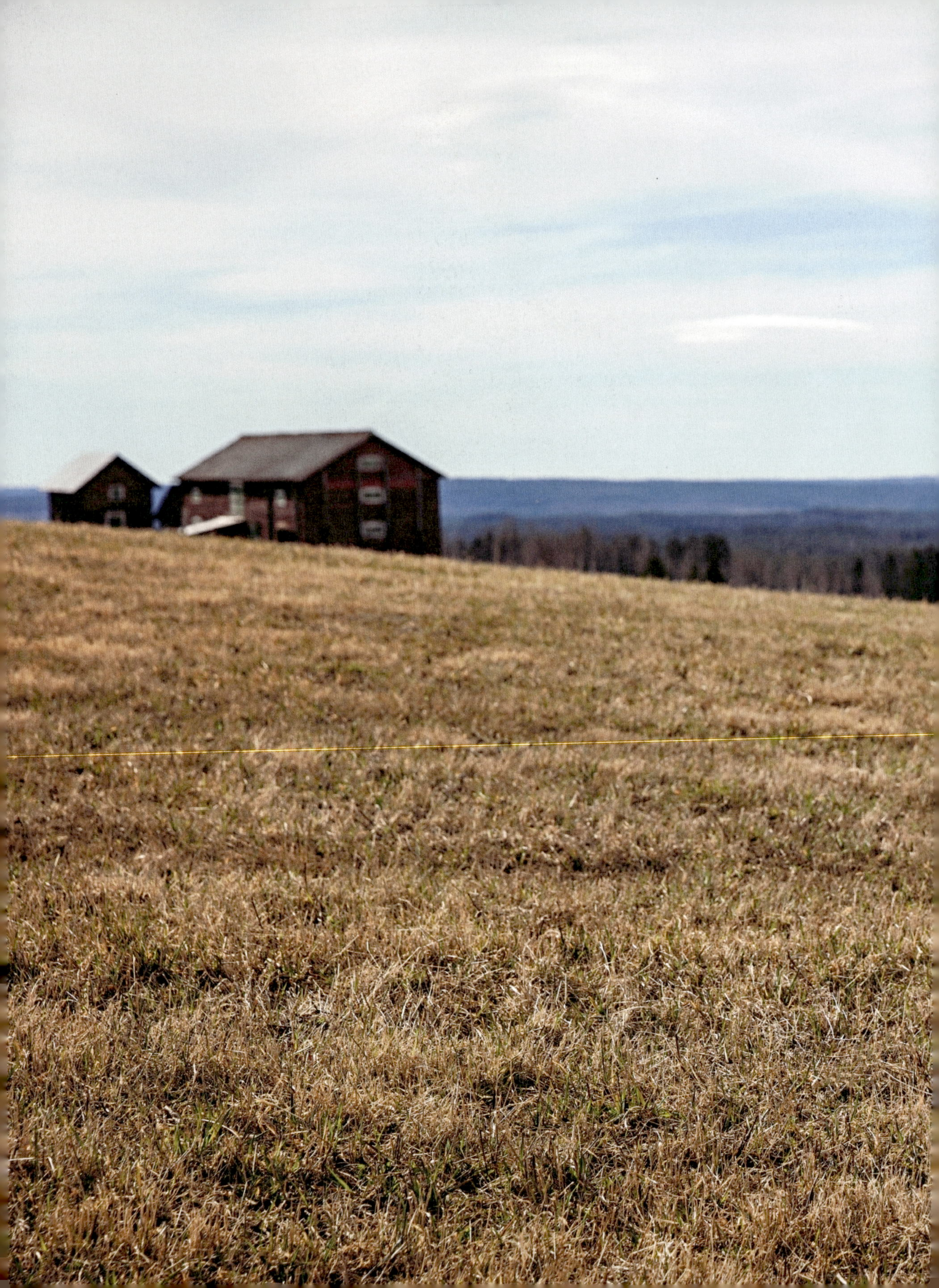